中国道路发展新理念系列丛书

# 中国智造

中国式现代化·高质量发展之路

人民论坛 编

中国科学技术出版社

·北京·

图书在版编目（CIP）数据

中国智造：中国式现代化·高质量发展之路/人民论坛编.—北京：中国科学技术出版社，2023.1
（中国道路发展新理念系列丛书）
ISBN 978-7-5046-9868-1

Ⅰ.①中… Ⅱ.①人… Ⅲ.①智能制造系统—制造工业—中国—文集 Ⅳ.① F426.4-53

中国版本图书馆 CIP 数据核字（2022）第 205893 号

| 总 策 划 | 秦德继<br>周少敏 | | | |
| --- | --- | --- | --- | --- |
| 策划编辑 | 申永刚　杜凡如 | 责任编辑 | 杜凡如　赵　霞 | |
| 封面设计 | 仙境设计 | 版式设计 | 蚂蚁设计 | |
| 责任校对 | 吕传新 | 责任印制 | 李晓霖 | |

| 出　　版 | 中国科学技术出版社 |
| --- | --- |
| 发　　行 | 中国科学技术出版社有限公司发行部 |
| 地　　址 | 北京市海淀区中关村南大街 16 号 |
| 邮　　编 | 100081 |
| 发行电话 | 010-62173865 |
| 传　　真 | 010-62173081 |
| 网　　址 | http://www.cspbooks.com.cn |

| 开　　本 | 710mm×1000mm　1/16 |
| --- | --- |
| 字　　数 | 203 千字 |
| 印　　张 | 15.5 |
| 版　　次 | 2023 年 1 月第 1 版 |
| 印　　次 | 2023 年 1 月第 1 次印刷 |
| 印　　刷 | 北京盛通印刷股份有限公司 |
| 书　　号 | ISBN 978-7-5046-9868-1/F·1078 |
| 定　　价 | 89.00 元 |

（凡购买本社图书，如有缺页、倒页、脱页者，本社发行部负责调换）

# 本书编纂组

**编纂组成员：**

彭国华　杨　轲　魏爱云　王　慧　韩冰曦
马冰莹　周素丽　董惠敏　潘丽莉　常　妍
张　晓　魏　飞　肖晗题　罗　婷　李　懿
李丹妮　张　贝　程静静　陈璐颖　银冰瑶
韩　拓　贾　娜　谷　漩　邓楚韵　周小梨
赵橙涔　谢　帅　李一丹　于洪清　郑涵予
靳　佳　孙　垚　孙　渴　马宁远

**鸣谢专家：**（以姓氏笔画为序）

丁明磊　王文娟　王海文　邓向荣　史占中
史　晨　吕晓俊　任　力　华　民　关成华
芮明杰　杜传忠　李长安　李　全　李　晓
邱泽奇　沈国兵　张建云　武常岐　金雪涛
高明华　剧锦文　程大为

# 丛书序

人民论坛编纂组

习近平总书记在党的二十大报告中指出:"改革开放和社会主义现代化建设深入推进,书写了经济快速发展和社会长期稳定两大奇迹新篇章,我国发展具备了更为坚实的物质基础、更为完善的制度保证,实现中华民族伟大复兴进入了不可逆转的历史进程。"伟大复兴历史进程何以不可逆转?中国特色社会主义道路何以越走越宽广?以中国式现代化全面推进中华民族伟大复兴的信心何以愈加坚定?除中国共产党的坚强领导、人民群众的力量源泉、深厚的文化底蕴等重要因素以外,对我国经济社会发展的理论逻辑、历史逻辑、现实逻辑的深刻认识和准确把握以及将科学的发展理念贯彻落实到经济社会发展可知可感的各个领域,也为实现中华民族伟大复兴提供更具体、更细致、更深入、更扎实的支撑。中国道路发展新理念系列丛书从科技创新、中国智造、数碳经济、乡村振兴四个方面切入,对创新发展、高质量发展、绿色发展、协调发展进行了系统研究与阐释。

推进科技创新,走好创新发展之路。党的二十大报告强调要"坚持创新在我国现代化建设全局中的核心地位"。抓创新就是抓发展,谋创新就是谋未来。不创新就要落后,创新慢了也要落后。从历史维度看,创新是大国迈向强国的"压舱石"。经过改革开放四十余年的持续投入和积累,我国已成为仅次于美国的世界第二大研发经费投入国。但中国科技创新水平与世界科技先进水平相比有所不足,与国际竞争及建成社会主义现代化强国的要求相比,仍存在一定的差距。基于创新的高水平自立自强是畅通国内大循环、确保中国在国际大循环优势地位的

"动力源",我国经济社会发展和民生改善比过去任何时候都更加需要科技解决方案,都更加需要增强创新这个"第一动力"。科技创新成为推进我国国家治理体系与治理能力现代化的原动力,成为在综合国力竞争中赢得主动的决定性因素,也为中华民族伟大复兴、中国梦的早日实现提供新助力。

推进中国智造,走好高质量发展之路。高质量发展是全面建设社会主义现代化国家的首要任务。推动经济高质量发展,重点在于推动产业结构转型升级,其中推动制造业转型升级是重中之重。改革开放四十余年来,中国制造业在总量和增速方面已然领跑全球,奠定了高质量发展的雄厚基础,但制造业的质量与发达国家相比尚有不足,尤其是发达国家的数字化进程与制造业转型的叠加优势不可小觑。制造业智能化是新一轮产业变革的核心内容,是我国制造业转型升级的主攻方向,也是建设制造强国的必由之路。从总体上看,我国智能制造发展正从初期的理念普及、试点示范阶段,迈向深入实施、全面推广阶段。制造业智能化带来了全新的制造生产方式、全新的生产组织方式、全新的技术基础和商业模式,这需要我国制造业在变革组织结构、突破物理边界以及对资本与劳动要素进行新的组合、构思和生产新的产品等方面破局制胜。

推进数碳经济,走好绿色发展之路。绿色发展是以效率、和谐、持续为目标的经济增长和社会发展方式。自工业革命以来,大国崛起的代价是经济迅猛发展必然带来的环境污染。继创造举世瞩目的经济增长奇迹后,新时代的中国作出了新的选择,即始终坚持将生态文明建设作为"国之大者",以碳达峰、碳中和目标压力倒逼经济和能源结构调整,更在巩固农业经济初级整合式生产、工业经济精细化复杂批量生产技术和成果的基础上,向智能化、智慧化的数字经济进军。据工信部最新统计,我国数字经济规模超 450000 亿元,稳居世界第二,年均复合增长率达 13.6%。在实现"十四五"时期发展目标和 2035 年远景目标的征程中,数字经济将会进一步渗透到国民经济的各个领域之中,推动产业数字化转型,提高全要素生产率,并在碳达峰、碳中和政策指引下与绿色经济协同融合发展,成为新时代经济社会发展新动能。

推进乡村振兴，走好协调发展之路。习近平总书记强调："全面建设社会主义现代化国家，最艰巨最繁重的任务仍然在农村。"农业强不强、农村美不美、农民富不富，决定着社会主义现代化的质量。共同富裕是社会主义的本质要求，协调发展的价值取向契合全体人民共同富裕的本质要求，是促进区域、城乡共同富裕的必由之路。改革开放以来，中国实现了"国富"和"部分先富"；党的十八大以来，以习近平同志为核心的党中央致力于实现"共富"。脱贫攻坚解决了绝对贫困问题，乡村振兴正在逐步解决相对贫困问题。"十四五"时期，我国"三农"工作进入全面推进乡村振兴、加快农业农村现代化的新发展阶段。在巩固拓展脱贫攻坚成果的基础上全面推进乡村振兴，正是为了不断增强发展的协调性、均衡性，在一个拥有14亿多人口的最大发展中国家实现共同富裕。

沿着中国式现代化道路，我们用几十年时间，走完了发达国家几百年走过的发展历程，已经拥有开启新征程、实现新的更高目标的雄厚物质基础，但面临的内外部风险也空前上升，需要在总结过去、把握现状基础上增强对强国时代未来发展的前瞻和规划。本系列丛书集结了100多位权威专家的重磅文章以及国家社会科学基金、国家杰出青年科学基金等重大项目课题成果，从战略、政策、理论、实践等层面对强国时代如何创新发展、高质量发展、绿色发展、协调发展进行系统分析与阐释，书中不乏精辟的分析、深度的解读、犀利的论断、科学的对策，相信能为广大读者提供思想启迪，助力中华民族在新征程中铸就新辉煌。

# 目 录

## 第一章　从中国制造到中国智造

中国企业如何塑造更多的隐形冠军 / 李长安 …………………… 003
中国制造业企业数字化转型的形势与任务 / 李全 ……………… 013
迷雾与鸿沟：制造业企业数字化转型面临多重挑战 / 史晨 …… 021
"新制造"的本质及其未来发展 / 芮明杰 ………………………… 028
警惕制造业盲目智能化带来的风险 / 杜传忠 …………………… 040

## 第二章　突破困境，创造新天地

中国创新能力的现状研判与前景展望 / 关成华 ………………… 055
影响中国企业创新发展因素的比较分析 / 沈国兵 ……………… 065
守正创新的内在关系与文化溯源 / 李晓 ………………………… 073
新时代需要何种互联网创新思维 / 张建云 ……………………… 080
"能者困境"的深层原因与破解之道 / 吕晓俊 …………………… 087

## 第三章　企业的数字化／数智化转型

科技领军企业数字化转型的战略意义 / 丁明磊 ………………… 099
以工业互联网推进民营企业高质量发展 / 任力 ………………… 104
人工智能与传统产业的深度融合发展 / 史占中 ………………… 119
中小企业的数字化成长路径与能力建设 / 程大为 ……………… 133
准确把握传统企业数字化转型的阶段性特征 / 武常岐 ………… 140

## 第四章　做有担当的中国企业家

中国企业家的时代担当 / 邓向荣 ·················· 149

中国企业家的时代使命 / 高明华 ·················· 157

弘扬企业家精神缘何如此重要 / 华民 ·················· 164

新发展阶段亟须更好地弘扬企业家精神 / 王文娟 ·················· 169

## 第五章　企业宏观治理

我国互联网"独角兽"企业发展解析 / 金雪涛 ·················· 183

创新企业制度，推进专项实施 / 高明华 ·················· 196

数字平台企业的组织特征与治理创新方向 / 邱泽奇 ·················· 201

推动我国文化企业国际化迈上新台阶 / 王海文 ·················· 225

民营企业治理与经营中的问题及出路 / 剧锦文 ·················· 231

# 第一章
# 从中国制造到中国智造

过去几十年间,中国制造业的高速发展举世瞩目,呈现"中国制造"向"中国智造"转变的发展趋势。中国智造要求在制造业转型升级的过程中融入数字化、智能化,实现传统制造转型升级与新制造发展并重、"双循环"与协同创新并重以及新制造产业链、供应链的关键环节集群式发展。

# 中国企业如何塑造更多的隐形冠军

李长安

对外经济贸易大学公共管理学院教授、博士生导师

在市场竞争日益激烈的今天,人们的注意力往往会被各种规模宏大、气势雄壮的集团企业吸引,却忽略了一些看似不起眼但闷声做事的中小企业。这些中小企业不动声色地占据了市场中某个细分领域最重要的份额,生产常见却容易被忽视的产品,默默地在某个领域独占鳌头,这就是我们"既熟悉又陌生"的隐形冠军企业。

## ▶ 隐形冠军:市场竞争中的另类"大佬"

著名的管理学教授赫尔曼·西蒙(Hermann Simon)是最早提出"隐形冠军"概念的人,他在1996年出版的《隐形冠军》一书中提道:"一个国家

要想在出口领域取得成功确实需要大公司，但是如果想做到表现超群，必须依靠那些拥有强大国际竞争力的中小企业，后者就是隐形冠军。"从概念上来讲，隐形冠军是指"在某一细分领域处于绝对领先地位、年销售额不超过50亿欧元且隐身于大众视野之外的中小企业"。德国欧洲经济研究中心在西蒙教授的基础上进一步研究，认为还可以从是否在国际市场中的销售比重超过销量的一半、在国际市场占据一定份额、过去5年内销售增速高于行业平均水平10%以及企业规模不超过1万人等4个方面来判断是否是隐形冠军企业。

根据西蒙教授在2016年的研究，全球的隐形冠军企业共有2734家，其中德国最多，有1307家，其次是美国，有366家，日本也有220家，中国仅有68家，排在世界第8。德国每百万居民隐形冠军企业数量是16家，诸如奥地利、瑞士等国家也有十三四家，而中国仅有0.1家，排名第17。

隐形冠军企业的数量以德国为翘楚，虽然在"世界500强"名单中，德国企业数量寥寥，但多年来德国的国内生产总值（GDP）总量稳居世界前列，中小企业撑起了德国经济的半壁江山。2019年，在德国的企业总数中，中小企业数量占到99.6%，贡献了超过55%的经济附加值，这其中的佼佼者就是隐形冠军企业。加上他们的产品在世界上有口皆碑，所以这个国家隐形冠军企业的数量和质量无疑是可以傲视全球的。一般来说，隐形冠军企业生产的产品种类不会太多，一家企业可能只生产一种产品，以德国的旺众（Wanzl）公司为例，这家公司生产超市使用的购物推车和行李推车，也是该产品全球最大的供应商，其生产的购物车极为昂贵，2007年中国某超市采购这种购物车的单价高达3600元。虽然贵，但旺众在全球市场占有率为50%，其他竞争对手没有一家能与之抗衡，该公司凭借其高端的工艺水平做到了这一点。

再如德国泽勒（Seele）公司生产玻璃，包括法国斯特拉斯堡火车站、德国法兰克福欧洲中央银行在内的许多世界闻名的标志性建筑都使用了该公司的产品，泽勒还曾承接了苹果总部玻璃 20 亿美元的订单。

美国拥有世界上数量最多的"世界 500 强"企业，企业规模化、集团化特征显著，中小企业多处于产业中上游，与大企业联系密切，隐形冠军企业数量排在世界第 2。例如美国托罗（Toro）公司，专门生产维护高尔夫球和各种园林、运动场的设备，是世界高尔夫球场、园林、运动场草坪维护及灌溉设备制造业的先锋企业。美国排名前 100 名的高尔夫球场中有 75% 是该公司的客户，纽约中央公园、罗马竞技场、西班牙皇宫、中国酒泉卫星发射基地等世界重要项目均使用了该公司的产品。

奥地利企业在高手如云的国际市场中声名不显，但拥有 116 家隐形冠军企业，每百万人拥有的隐形冠军企业的数量排在世界第 3。多贝玛亚索道有限公司是世界索道行业的翘楚，截至 2018 年，该公司在全世界累计建设安装了 1.48 万条索道，全球市场份额达 56%。

从上面的例子可以看出，德国、美国和奥地利的隐形冠军企业均在某个专业领域拥有先进的技术或工艺水平，起到以小博大的作用，在市场中独占鳌头。

## 快速崛起的中国隐形冠军企业

根据西蒙教授的研究，截至 2016 年，我国仅有隐形冠军企业 68 家，每百万人拥有的隐形冠军企业的数量仅有 0.1 家，相对落后于发达国家。那么近年来中国的隐形冠军企业是否增加了呢？

2018年，部分省（区、市）统计了当地的可以被称为隐形冠军的企业，全国经过官方认定的隐形冠军企业共有556家，从数字来看，68到556是一个大跨步的飞跃，但如果认真对照公布的名单并对这些企业的企业规模、营销业绩进行排查的话，就会发现，名单中的大部分企业并不完全符合隐形冠军企业的标准，甚至大多并不能称之为某一细分领域的龙头或前3名，说明有些地方政府对隐形冠军企业的判定标准较为宽松，因此556的数字很难说明中国的隐形冠军企业的数量较2016年有了很大的飞跃。虽然从官方公布的数字难以判断中国隐形冠军企业的具体增长情况，但是我们可以通过以下几点来推测中国隐形冠军企业的发展情况。

首先，中国的中小企业数量是逐年增加的，特别是近些年随着"大众创业、万众创新"的浪潮，每年新注册的创业企业数量大幅增长。2020年全国新设市场主体2500万户，全国登记在册市场主体的数量已经超过了1亿。这说明中国的中小企业整体发展态势良好，隐形冠军均为中小企业中的强者，所以也可以从侧面说明隐形冠军企业整体的增长态势良好。

其次，海关总署公布过一组数据，2020年民营企业进出口额为14.98万亿元，比2019年增长11.1%，占外贸总额的46.6%，是我国第一大外贸主体，这说明我国民营企业走向世界的步伐加快，开拓国际市场的能力日益强大。其中，那些已经具备全球竞争力的隐形冠军企业功不可没。

最后，在2016年至2019年间，根据《制造业单项冠军企业培育提升专项行动实施方案》（工信部产业〔2016〕105号），工业和信息化部（后文简称"工信部"）先后4次发布《制造业单项冠军企业和单项冠军产品名单》，前后共计274家企业被评为单项冠军企业。2018年，工信部公布了第一批专精特新"小巨人"企业名单，名单中共有248家中小企业，这些中小企业的特点为专注于细分市场，聚焦主业，创新能力强，有较高的市场占有率，因此，工信部公布的这些企业又被称为"中国的隐形冠军企业"。从这个名单来看，中国的隐形冠军企业确实增加了不少。

这些近年来不断涌现的优秀的中小企业通过不懈地奋斗，在国内外市场开辟了自己的一片天地，也成为中国经济发展的生力军，而隐形冠军企业又是这支生力军中的骨干力量。概括起来，中国这些隐形冠军企业具有以下三个特征：

- **技术先行**。大多数隐形冠军企业都拥有自主知识产权或自行开发新技术能力，利用技术优势夺取市场高地。有些企业虽然自主开发的新技术较少，但也舍得斥巨资引进先进设备，力求不在技术上落于人后。

- **专注主业**。隐形冠军企业都对自己的主营业务下功夫钻研，改革技术，提高质量，虽然其中部分企业开始涉足其他领域，但坚持核心产品的生产和研究不动摇。

- **面向全球**。隐形冠军企业中只有少部分企业尚未走出国门，大多数企业均在各自领域的全球市场中占有不小的份额，还有相当数量企业的产品成为全球之最。全球化是企业发展的重要增长动力。

## 中国发展隐形冠军企业面临的问题

虽然中国的民营企业发展整体态势良好，且其中不乏优秀的隐形冠军企业，但如果要继续培育更多这样的企业，也面临很多的困难和问题。这主要包括以下几个方面。

**同行业竞争激烈，难以出头。**隐形冠军企业的特征之一是"成为某领域或细分市场的前3名"。从这一点来说，中国的中小企业想要发展成为隐形冠军企业是很困难的，最主要的原因是国内同行业竞争激烈。如果将2019年中国民营企业500强按照行业分类进行观察，就可以发现，民营企业500强中排名第一的黑色金属冶炼和压延加工业有55家企业，其中江苏沙钢集团有限公司和青山控股集团有限公司位列这一行业中的前两名，这两家企业的经营内容高度相似，营业收入相差不多，同行业的其他性质企业数量更多，"行业撞车率"高，竞争压力可想而知。

**产业结构层次低，竞争力不足。**中国民营企业的产品主要集中在中低端产业，虽然不少产品的市场占有率高，但大多为低端的劳动密集型产品，产品覆盖范围广，很少具有特别的技术优势，生产过程污染严重且资源消耗量大。虽然大多数企业不断进行技术改造，但生产的产品依然面临产能过剩、市场竞争激烈的难题。较高端的计算机、信息和互联网行业企业屈指可数。与德国相比，德国的隐形冠军企业体现出了产业结构层次高端，产品专业性强的特点。例如2019年，中国民营企业500强中有多家企业涉及金属加工，德国的隐形冠军企业中则没有直接加工金属的企业，仅有1家公司涉及金属加工，但并不直接加工金属，而是生产有色金属轧钢机和金属箔条机，这家公司同时也是全球铝板轧机的最大供应商。还有一些公司生产非常专业的设备，例如艾洛克松（Aeroxon）公司生产专业的捕蝇设备、绿洲（Greenworld）公司专门生产花卉土，博医来（Brainlab）公司生产放射及影像类医疗器材，占有全球超过60%的份额。这些企业的一大特点就是产业层次较高，产品"精而专"。

**企业先天不足，存活率低**。根据中国人民银行和中国银行保险监督管理委员会于2019年发布的《中国小微企业金融服务报告（2018）》，美国中小企业平均寿命为8年左右，日本中小企业平均寿命为12年，而中国中小企业的平均寿命仅3年。造成中国中小企业平均寿命短暂的原因主要有以下两点。

第一，贷款难，利率高。根据金融部门的统计，约有85%的大企业能以基准利率获得贷款，但中小企业和个人经营性贷款能以基准利率获得贷款的比例只有20%左右。一般来说，中小企业如果想要获得贷款，贷款利息要在国家基准利率之上增加百分之二三十，中小企业贷款困难。虽然国家一再降低基准利率，但是效果并不十分明显，银行对中小企业的放贷条件依然严格且额度有限，对很多急需资金投入生产的中小企业来说门槛较高。究其原因，在于中小企业风险承受能力弱，坏账风险高，根据中国人民银行发布的消息，2019年我国中小企业不良贷款率依然高于平均水平，所以银行对来自中小企业的贷款申请持谨慎态度，中小企业面临贷款难、利率高的融资难题。

第二，吸引研究型人才的能力较弱。与大型集团企业相比，中小企业资本力量薄弱，生存压力更大，追求短期经济利益的需求迫切，因此大多数中小企业重生产而轻研发。对研究型人才来说，中小企业研发条件不足，薪资待遇水平相对较低，企业与人才彼此间吸引不大，导致中小企业研发能力不足。以2018年北京大学应届毕业生的就业情况为例，根据统计，选择去国有企业的毕业生占28.78%，而选择去民营企业的只有11.49%。由于高端人才缺乏，许多中小企业就有了"科研能力不足"的先天缺陷。

综合来看，我国中小企业具有同行业竞争激烈、产业层级处于低端水平、融资困难、科研能力不足的劣势，这其中是有内在逻辑关系的。正是由于中小企业融资困难，企业资本薄弱，不得不以追求效益为先，所以导致中小企业没有能力和时间去钻研、开发新技术；因为没有新技术，所以不得不和其他同行一起挤在低端生产领域，生产低端产品而不能自拔，又因为产品低端，在国内同行竞争激烈，在国际上也缺乏竞争力；因为产品没有优势且竞争激烈所以导致效益低下；效益低下导致融资困难且没有能力钻研、开发新技术。这形成了一个恶性循环，最终的结果就是我国的中小企业生存率低，平均寿命远低于美、日等国家。在这种情况下，隐形冠军企业的形成就存在着不小的障碍。

## 打造更多中国隐形冠军企业的主要措施

随着中小企业在国民经济中日益占据重要地位，我们不仅希望中小企业发展得越来越好，更希望能培育出一批小而精、专而新的隐形冠军企业。"小而精"指企业规模虽小，但产出皆是精品；"专而新"指企业能专心钻研核心产品，不必谋求发展的广度，而是追求专业化，不断创新。所以必须寻找中小企业新的发展突破口，可以从以下几点入手。

**加大政府支持的力度。**近些年来，国家加大了对中小企业的扶持力度。特别是对在自主研发项目、人才引进、技术升级等方面有需求的中小企业，更是从财政、金融、人才等多方面进行补贴和支持。值得反思的是，近年来，全国各地都掀起了发展"总部经济"的热潮。不过，发展大企业"总部经济"并非任何土壤都适宜，它对营商环境的要求更苛刻。因此，对许多地方政府而言，与其大力支持"总部经济"，不如转而将各种优惠政策投向中小企业，为它们创造良好的生存和发展环境，多培育出隐形冠军企业。事实上，隐形冠军企业虽然规模相对较小，但由于市场竞争力强，对地方经济的发展和扩大就业同样具有很强的带动作用。

**不断优化隐形冠军企业成长的营商环境。**按照世界银行营商环境评价指标体系的划定，营商环境主要包括开办企业、申请建筑许可（也称"办理施工许可"）、获得电力供应、注册资产、获得信贷、投资者保护、缴纳税款、跨境贸易、合同执行、办理破产十项一级指标。世界银行发布的《营商环境报告 2020》显示，中国的全球营商环境排名继 2018 年大幅提升 32 位后，2019 年又跃升 15 位，升至全球第 31 位。但是，在税收负担、对外贸易便利度等方面，中国依然还有很多可以改进的地方。因此，只有不断优化营商环境，打通中小企业发展的"痛点""堵点"，企业才能获得更大的发展机遇，中国也才能涌现出更多更强的隐形冠军企业。

**企业应转到"技术强企"的发展轨道上来。**与一般中小企业不同，隐形冠军企业靠的是某一方面的技术强大，"技术强企"也是其共同特征之一。加大科研投入诚然会减少企业投入再生产的资金、分薄经营者利润、加重企业负担，但需要明确的是，如果长期处于低端产业、依靠资源和劳动密集型的生产方式，在科技迅猛发展的今天，被淘汰是不可避免的。因此，放弃追求盈利速度，转而拓展专业领域的深度更为重要。搞研发虽然艰难，但只要攻克了技术难关，占据行业领先位置就可以让企业摆脱恶性竞争的泥沼，从而让企业获得长远利益。此外，加强校企合作也是提升中小企业技术水平的重要途径，企业与高校、科研部门合作，可以帮助企业解决实际问题、掌握最新政策理论，也可以帮助高校、科研机构了解最前沿的知识和难点，培养有实际操作能力的人才，推进理论与实践相结合。

**高度重视保护知识产权**。对企业靠投入大量人力、物力和时间研发出来的技术国家应大力保护；对企业的各项知识产权的申报应提供更加人性化、便捷化的服务；获得专利认证多的企业应该在税收优惠、财政补贴等方面得到政策支持；对于侵犯他人知识产权的企业和个人应从重处罚。为中小企业创造良好的研发环境，激发其研发热情，推动未来隐形冠军企业成长。

内蒙古财经大学财政税务学院张子玉对本文亦有贡献。

**参考文献**

[1] 赫尔曼·西蒙.隐形冠军[M].阿丁,译.北京:新华出版社,2002.

[2] 申俊涵.德国隐形冠军的"秘笈"[J].中国中小企业,2019(7):72-73.

[3] 魏志强.中国隐形冠军的企业战略[J].中国新时代,2017(10):78-83.

# 中国制造业企业数字化转型的形势与任务

李　全

南开大学金融学院教授、中国财政科学研究院研究员

## ▶ 中国制造业企业数字化转型的现状

当前，中国制造业在总量和增速方面已然领跑全球，其进阶发展需要人才和科技等诸多方面的综合配套。而正是因为欠缺人才、科技等要素，中国制造业的质量与美国、日本及欧洲等国家和地区存在着一定的差距，且发达国家的数字化进程往往是伴随着制造业转型而实施的，基础实力雄厚。由此可见，我国制造业在数字化转型的过程中，面临着显著的挑战。但是，我国有着显著的制度优势，为制造业数字化转型减少了很多经济社会发展牵绊，拓展了较大的发展空间。

## 中国是全球制造业总量和增速领跑国

改革开放以来，我国制造业规模和质量快速增长，目前总量和增速指标已位居全球前列。工信部的数据显示[①]，"十三五"时期，我国工业增加值由23.5万亿元增加到31.3万亿元，连续11年成为全球第一制造业大国，制造业对世界制造业贡献的比重接近30%；高技术制造业增加值平均增速10.4%，在规模以上工业增加值中的占比也由"十三五"初期的11.8%提高到了15.1%；信息传输软件和信息技术服务业的增加值也有明显提升，由约1.8万亿元增加到了3.8万亿元，该行业增加值对GDP的贡献已由2.5%提升到3.7%。相较而言，截至2020年年末，美国工业GDP为2.27万亿美元，在全球制造业总额中的占比不足11%；日本制造业GDP大约为1万亿美元，其GDP占比已不足20%，在全球制造业中占比约为5%；德国制造业GDP增加值为6795亿美元，其GDP占比约为18.13%，在全球制造业占比约3%。可以说，近年我国制造业从总量和增速来看，均领跑全球。

## 中国制造业质量仍有待于提升

总量和速度不能代表全面的超越，我国制造业质量和效益仍有待于提升。从产业结构来看，我国制造业在钢铁、水泥、平板玻璃、多晶硅、煤化

---

① 《工信部：三组数据为"十三五"划上了圆满的句号》，国务院新闻办公室网站，http://www.scio.gov.cn/video/42600/42601/Document/1699545/1699545.htm，2021年3月1日更新。

工、电解铝等基础产业，机械、电子元器件、装备零部件等中间产业，纺织、服装、箱包、家具等终端产业以及广泛的家用电器领域，产能均遥遥领先。但涉及高端制造业，比如高端医疗设备、精密机床、芯片、航空发动机等领域的相关产品，我国尚未实现关键性突破，甚至在精密轴承、精密螺栓、汽车和高铁的核心零部件等方面依然主要依赖进口。这些产品的进口附加值很高，这也就意味着相关产品生产国的制造业附加值较高。例如在2020年"世界500强"企业的榜单上，中国企业上榜数量虽然首次超过美国，但上榜的中国企业在营业收入和利润方面都比美国低。具体来说，美国上榜企业营业收入总额占"世界500强"企业的29.45%，约9.8万亿美元，中国上榜企业营业收入总额则占"世界500强"企业的24.91%，约8.3万亿美元；美国上榜企业利润总额更是占"世界500强"企业的40.98%，达8447.71亿美元，中国上榜企业利润总额则占"世界500强"企业的21.43%，为4437.18亿美元。由此可以清晰地看到，中国制造业在竞争力方面仍与美国等发达国家有不小的距离，中国企业仍然有很大的努力空间。

## 中国制造业数字化转型仍处初期但蓬勃向上

根据2020年10月中国信息产业通信研究院发布的数据[①]，2019年，全球数字经济总规模为31.8万亿美元，数字经济占GDP的比重达41.5%，其中发

---

[①] 标题为《全球数字经济新图景（2020年）——大变局下的可持续发展新动能》，网站链接：http://www.caict.ac.cn/kxyj/qwfb/bps/202010/t20201014_359826.htm，2020年10月11日更新。

达国家数字经济占 GDP 的比重已达 51.3%；产业数字化作为驱动数字经济发展的关键主导力量，在数字经济中占比为 84.3%；我国数字经济规模仍次于美国居全球第二，为 5.2 万亿美元，数字经济占 GDP 比重也比发达国家低，为 36.2%，但高于发展中国家 26.8% 的平均水平。我国数字经济占比看似较低，但发展速度并不慢。美国等发达国家多是在农业现代化基本实现、工业化和城市化基本完成的状况下开启了数字化发展阶段，而我国则在城镇化和工业化推进的过程中，就以较快的速度进入了数字化转型期。这也说明，我国在推动数字化转型的过程中，需要处理好工业化进阶与科技领域的短板问题，并在制造业转型升级的过程中融入数字化要求。

## ▶ 中国制造业企业数字化转型的机遇与挑战

近年来，世界各国在数字化转型中均呈现出加速的态势。作为我国在数字化转型中的重要任务，传统制造业转型升级既面临机遇，也面临挑战。

### 数字化转型为制造业企业带来了巨大的机遇

20 世纪以来，全球掀起了多次信息化转型的浪潮，但都与今天的数字化转型不同，甚至过度强调信息化建设有可能阻碍制造业数字化转型的进程。传统的信息化建设强调通过"企业资源计划"，即 ERP（Enterprise Resource Planning）来实现，希望企业在原材料采购计划、生产制造、财务管理、销售服务等领域强化研发管理、业务管理、质量管理、人力管理等。但实际上，上述管理往往是由不同的管理团队在不同的经营理念下实施的，很难在管理和业务实践中统一，过分强调统筹管理反而会降低企业的运营效率。

进入数字时代，完整而高效的制造业数字化转型应该要求制造业的各个环节以数字技术为核心驱动力，通过畅通的信息网络实现海量数据的实时传输，并通过大数据、云计算和人工智能等数字化技术来实现生产环节产供销的最优匹配，以及消费环节的市场需求、商品供给和物流配送的无缝衔接，未来甚至应该实现金融服务对供给和需求端的高效支持。目前来看，物联网的市场规模甚至已经远超大数据和云计算等新兴经济业态，产业数字化已是大势所趋。而不论是发达国家还是我国，制造业数字化转型都处于发展初期，这对我国制造业转型升级来说无疑是巨大的机遇。

### 制造业企业数字化转型也面临挑战

随着数字技术革新引领各个领域的技术创新和突破，世界各国均高度重视制造业数字化转型的机遇。发达国家在大数据、云计算、人工智能等领域的发展均已初具规模，部分国家甚至在物联网、量子计算、未来网络等领域也已布局，并尝试与材料、能源、制造、服务等各交叉领域实现融合发展……全球制造业数字化转型前景广阔。我国作为最大的发展中国家，传统制造业转型升级压力大，既要助力经济社会稳步快速发展、不断满足人民群众对美好生活的需要，又要加速数字化转型升级，奋力追赶发达国家的步伐，并在高速互联、先进计算、智能感知、高端存储等领域实现技术突破，做好新型制造与数字化发展的深度融合，这无疑是不小的挑战。

## ▶ 中国一汽是中国制造业数字化转型的典范

在全球制造业数字化转型的大趋势下，以中国一汽等为代表的中国优秀制造业企业积极探索数字化转型之路。以其旗下上市公司一汽解放为例，2021 年前三季度财务报告显示，一汽解放营业收入为 886.01 亿元，扣非净利润[①]33.63 亿元，同比大幅上升 69.79%。在新冠肺炎疫情肆虐全球的当下，中国一汽提质增效的核心动能源于数字化转型及管理优化，其数字化转型的经验值得中国制造业企业学习借鉴。

### 制造业研发数字化转型

中国一汽在推动数字化转型的进程中，高度重视研发领域数字化转型，并取得了显著成效。具体来说，一汽通过互联网技术实现协同设计，并通过虚拟仿真平台的延伸开创不间断、各专业协同、产业链一体化的汽车研发新模式，将研发效率大幅度提升 40% 以上，相关产品的研发周期缩短了 6 个月以上。此外，在产品研发的过程中，一汽还通过数字建模、虚拟仿真、虚拟与现实等各种数字化手段，实现了从概念、创意、造型到评审的研发全流程管理，研发的质量和成功率也大幅度提升。

### 制造业产品数字化转型

在数字化转型中，产品的智能化转型是用户最能直接感受到的。一汽智

---

① 指扣除非经常损益后的净利润。——编者注

能网联开发院智能驾驶研究所在产品开发领域精耕细作，先后完成了 160 项功能模块的开发、累计 40 万余行应用代码、300 余项系统联调，完成近 600 个场景、共计 4000 多个参数的标定，致力于攻关解决高速代驾与拥堵自行等技术难题。目前，L4 级自动驾驶汽车红旗 E-HS3 已在长春示范运营，解放品牌 L4 级自动驾驶重卡也已实现港口实地作业。全新数字高尔夫作为一汽产品数字化转型的新标杆，更是率先采用车载以太网技术，配合全新的电气架构，总线带宽由 500K 变为 2M，核心功能模块传输效率达到 100M/s，使得整车能够配备更多更智能的驾驶辅助系统，带来更为迅捷的交互响应速度，实现更高级别的人机交互功能。

### 制造业产业链平台数字化转型

中国一汽聚焦于传统产业链的智能化升级，通过对产品、工厂、营销、管理四个方面的数字化渗透，逐步实现集团内部全要素、全流程、全产业链的智能化改造。近年来，中国一汽以"业务赋能、产品智能、生态智慧、数据增值"为目标，以"两平台双中台"为核心，在研发、产品数字化转型的基础上，通过数字化工厂、企业级物料清单（BOM）、营销客户云、双中台等项目建设，逐步构建起了一套覆盖"五大核心业务领域、三大支撑平台、两个保障"的数字化管控平台，以数据管理为核心驱动，将研发、生产、营销、管理以及客户体验及反馈全部纳入平台，并进行实时在线、不断纠错的智能管理。

## ▶ 结 语

未来，中国一汽还将以客户及行为数字化、业务数字化、产品及服务数字化和基础数字化四个方面的转型为目标，最终建成人、物、设备互联的数字化产业体系，以"平台+产业体系"的发展模式引领中国汽车制造业企业实现数字化转型。

# 迷雾与鸿沟：制造业企业数字化转型面临多重挑战

史　晨

赛迪研究院融媒中心总经理

中国制造业企业的数字化转型方兴未艾。但是只要去过一线调研，就经常能接触到这样一种说法——不转型等死，转型找死。这并不是简单的调侃，现实中，很多企业已经意识到了数字化转型是大势所趋，但大量实践并不成功，有些甚至付出了高昂的代价。为什么数字化转型是"找死"呢？

我们可以看到，围绕"数字化转型"的话题经常充斥着各种时髦名词，很多企业规划数字化转型时接触的往往不是一个框架——明确供应商可以做什么，不能做什么，哪些需求可以满足，哪些不能满足，而是"中台""微服务""云平台"等先入为主的一系列抽象概念以及附上的合同和报价单。在这种情况下，企业往往很难做出明智的选择。事实上，数字化转型的背后，是过去几十年，中国的企业信息化服务市场长期被外国公司主导，随着近年我国数字技术的快速发展，本土的企业开始尝试弯道超车，这是企业数字化转型不可忽视的重要背景。因此，相比于输入各种抽象名词，我们更需要构建一个新的分析框架，以便于在术语之上梳理数字化转型的演进背景，帮助制造业企业应对变革。在这一框架中，最重要的是能针对不同行业，把纠缠在一起的概念区分开来；指出价值链上不同位置的企业各自面临的不同挑战；帮助其选出合适的对标案例，找出约束和限制。

## ▶ 消费端的数字化：电子商务

数字化转型的第一个层面是消费端，也就是我们传统说的"To C"，主要形态其实就是电子商务。在这方面，中国互联网企业有巨大的优势，是传统企业羡慕的所谓"原生数字化企业"。而在消费互联网日趋饱和的情况下，加之监管的收紧，互联网企业也开始进军"To B"领域，也就是生产端，希望能在传统企业的数字化转型中拓展新的业务。

"中台""微服务"等技术概念，其实就来自电商企业自己的信息系统和业务经验，后来又拓展到其他重销售端的行业，比如消费品和零售行业。这个领域里最核心的数字化要素是客户数据，相应的数字化应用主要是营销分析，包括产品定位、营销管理、广告投放效果以及客户画像和精准营销。

这方面的数字化转型，可以帮助传统企业解决"产品找人"的问题。以传统酒企为例，虽然企业的利润很高，但一直面临一个尴尬的问题：为谁生产不知道，卖给谁了也不知道。这是因为传统酒企高度依赖分销渠道，并不掌握客户的第一手数据。但要明白，即使在相对简单的消费端，转型最大的挑战也并非技术本身。因为在用户界面或者营销运营上，互联网企业为传统产业数字化转型提供的一套技术工具已经相当成熟。要想真正帮助传统制造业企业实现数字化驱动的商业模式转型，应当聚焦于价值链上传统利益结构的重新分配这一最大的困难。所以虽然传统酒企都知道自己的问题，但"大单品"对传统渠道的依赖之大，很难大张旗鼓地拓展直面客户的数字化渠道。这也是为什么类似高毛利行业可以花大价钱请最好的技术厂商，但真正成功转型的企业却非常少。反而是一些没有品牌负担的企业，可以把酒当成快消品来做，不需要最前沿的技术，也能把分销、裂变、会员体系这一套手段运用得炉火纯青。在传统酒企面临的数字化转型境遇之下，汾酒集团贡献了一个更稳健的转型案例，其数字化转型没有选择从传统大单品入手，而是拆分出"竹叶青"这个新品牌，并委派了一位同时分管过生产技术改造和营销的管理者来负责。转型过程中没有被技术厂商的营销方案牵着鼻子走，而是选择回到需求原点，采取现代营销方法，研究酒类作为消费品之外的社会交往属性。这种基于消费者立场的思考，往往被称作"第一性原理"，它应该成为制造业企业转型中首先需要学习的思维方式。

## ▶ 生产端的数字化：智能制造

数字转型的第二个层面是生产端，也就是我们传统说的"To B"，这个领域的数字化主要体现为智能制造。与少数以数字化形态交付产品和服务的原生数字化企业不同，大部分企业生产的其实还是实体产品。这些企业构成了实体经济，其进行数字化转型的目标主要在于提升生产质量，提高运营效率，缩短研发周期。

企业最先遇到的挑战，是需要将整体业务从物理空间映射到数字空间，即构造所谓的"数字孪生"，在此基础上才能实现数据的采集、实时的控制、资源的统筹以及智能化调度。但是从"To C"扩张到"To B"的技术厂商却未必能完成这一挑战。曾有人指出，中国的软件和互联网公司能够做出淘宝和微信这样世界级的应用，但是在复杂的企业级软件上，包括传统的 ERP 以及企业级云应用 SaaS（Software-as-a-Service，通过网络提供软件服务），中国企业的市场占比和规模体量与欧美企业则有数量级的差距。

原因并不是中国互联网企业的技术不行，而是对复杂大工业的运作流程缺乏深入理解。和消费端数字化不同，生产端数字化的关键是工业软件，里面沉淀着大量的数据、模型和工艺，需要长期的积累。这一直是中国工业的短板，让互联网企业去突破也是一种苛求。所以，与其过分依赖阿里巴巴、腾讯这样的供应商，不如依靠自己，毕竟很多成功的案例中，都是以自有信息化部门为主推动数字化转型。比如中国一汽在数字化转型中，通过自己的信息化公司——启明，在消费端和生产端灵活选择自研、采购或者合作开发，选择不同的技术供应商用其所长。据介绍，中国一汽在协同办公系统上选择了钉钉的成熟系统并在其基础上进行二次开发；在营销平台中的经销商管理系统（DMS）则由启明自己来搭建，实现用户和数据资产的统一管理；在数字化渠道上则选择了和腾讯合作，借助对方的数据优势，推动奥迪、红旗等品牌面向年轻消费者的数字化营销。但在核心的企业资源管理系统（ERP）、产品研发管理（PLM）以及制造执行系统（MES）上，中国一汽仍然选择自主搭建或基于成熟工业软件系统进行二次开发。启明公司有 1400 多人，本身就承担了集团各个跨职能系统的建设，其开发的财务系统、采购和人力资源都已实现全面覆盖。通过部署行业内领先的工业软件，中国一汽对生产管理进行了数字化改造，实现了冲压、焊装、涂装、总装四大工艺全流程智能化生产，订单交付周期缩短 26% 以上。在产品研发上，通过数字孪生的协同设计和虚拟仿真平台，产品开发周期缩减 6 个月以上。

## ▶ 产业链的数字化：工业互联网

数字化转型的第三个层面是产业链的数字化整合，涉及跨行业跨区域的供应链管理乃至更深入的协同创新，大致对应现在常说的工业互联网。

这并不是新鲜事。例如波音 787 作为一款真正基于全球协作生产的飞机，从设计到生产涉及全球 5000 多家供应商，背后零部件供应链和物流管理系统，就是由老牌制造业企业蒂森克虏伯提供的。然而这些在欧美企业应用相当普及的供应链计划系统（SCM），在中国相比 ERP 系统更加难做，也少有本土供应商涉足。

根本原因仍然不在于技术，而是因为我们的产业组织形式和欧美不同。欧美大规模的制造业外包主要以跨国公司为主体，对这些跨国公司来说，要横跨各大洲调配生产原料和零部件，准确的事先规划和供应链协同特别重要。但在中国，供给方和需求方距离更近，更多是以产业集群的形式来完成上下游产业链协调，客观上我们的劳动强度更高、交付节奏更快，管理文化上也更多相信"计划没有变化快"。

这方面要突破，有赖于本土制造业企业自己的探索，宝武钢铁集团的案例值得关注。宝武钢铁集团的年产量已经超过 1 亿吨，相当于很多国家一年整个钢铁行业的产量。经过多次并购整合，宝武钢铁集团的生产基地已经分散在天南海北，各个工厂的历史和传统也不一样。要管理好各个工厂，必须推进数字化，其中显著的成果之一是构建了工业互联网体系，能够对不同基地的庞大业务体系进行统筹优化。

值得注意的是，宝武钢铁集团实施转型倚重的主体仍然是集团内的信息化公司宝信软件，而不是阿里巴巴、华为这样的外部供应商。在多年自动化、信息化建设的良好基础上，宝武工业互联网平台已经建成了"一个智慧决策中心+N个系列智慧工厂"的网络型组织，覆盖了供应链管理、研发设计、生产制造、安全生产、节能减排、质量管控、仓储物流等多个环节。这些数字化转型经验，使宝武钢铁集团得以在不同基地之间优化配置产能、复制最佳实践。

## ▶▶ 如何跨越鸿沟和应对未来的挑战

基于以上三个层面的梳理，我们可以站在制造业企业的角度，为其转型提出三个建议。

首先，应该更加关注管理提升、业务转型而不是技术概念，因为技术归根结底是为业务和管理服务的。制造企业交付的是有质量和成本约束的实体产品，出了问题不可能通过补丁升级来解决，照搬互联网企业的解决方案是行不通的。换句话说，为了满足大规模工业化生产的要求，该下的功夫一样少不了，不可能依靠某种神奇的数字化手段就能实现弯道超车。

其次，需要不断发掘自己的优势，不能过分迷信传统软件企业和互联网公司的"一揽子"解决方案，而要基于自己的业务逻辑逐步探索转型路径。数字化的出发点，是为了基于证据优化业务逻辑，对于业务逻辑，外人不可能比内行懂得更多。中国一汽、宝武钢铁集团的转型案例都说明，很多制造业企业也有强大的自有信息技术团队，完全可以在开放合作的基础上走出自己的特色道路。

最后，也是最大的挑战，即如何实现从优化管控到促进创新。诚然，集中管控是数字化的一个优势，实现更加精细化的管理也是转型的应有之义。但从长期看来，所有能够被数字化固定下来的管理模式，终究都能被流程机器人（RPA）等技术替代，因此更难的挑战不是建立更多"流程警察"，而是进行知识管理和促进创新。消费品企业如何开发出未来年轻人喜爱的产品形态？汽车企业如何打通从需求挖掘、敏捷研发到高质量交付的闭环？钢铁企业如何突破物理边界，让不同工厂里的知识和经验扩散共享？这都需要更多自下而上的探索，变革组织、打破层级、鼓励创新，而不仅仅是自上而下的管控。

**参考文献**

［1］钱卫东.中国宝武：新一代信息技术重塑钢铁生态[N].中国电子报,2021-05-11(3).

［2］史晨,钟灿涛,耿曙.创新导入的接力赛——健康码案例中的初创企业、平台企业和地方政府[J].科学学研究,2021,39(1):161-169.

# "新制造"的本质及其未来发展

## 芮明杰

复旦大学管理学院产业经济学系系主任、教授、博士生导师

进入 21 世纪以来，随着新一轮技术革命的爆发，全球制造业一直在酝酿变革，尤其是美国、德国、日本等制造强国一直在谋求制造业的创新领先。2011 年，影响全球的关于第三次工业革命的论述、之后"工业 4.0"对制造业变革的探讨、"CPS"[①]展开的虚拟制造研究等均是制造业面向未来进步的探索。如果说建立在新型数字基础产业上，即"硬、软、联"基础上的新型制造业被称为"新制造"的话，那么"新制造"不是一个概念的问题，而是全球制造业这些年在新技术革命条件下变革创新实践的结果。

---

① 指信息物理系统。——编者注

## ▶"新制造"的本质特征分析

"新制造"顾名思义就是与目前流行的制造完全不同的制造，是全新的制造。有人说"新制造"是"通过物联网技术采集数据并通过人工智能算法处理数据的智能化制造"，也有人说"新制造是 DT[①] 时代思想的制造业"，即基于数据技术的制造，等等。总体上看所谓"新制造"离不开两个基本点：第一，新制造就是智能技术的制造；第二，新制造是基于数据采集与数据分析技术的制造。于是，新制造似乎就是依托数据采集、计算分析技术和人工智能技术的制造，这与"工业4.0"、制造"CPS"的概念内涵并无特殊差异。这样理解的"新制造"还只是停留在技术基础的层面，并未把握新制造的本质。笔者认为新制造的本质表现在如下四个方面。

**一是新的生产制造方式**。新制造的本质是全新的制造生产方式，可把这一新的生产方式称为"以互联网为支撑的智能化大规模定制生产方式"，其核心是满足消费者个性化消费需求的个性化定制生产服务，并且是可以大规模定制的全新模式，是 C2B。由于新制造是针对不同消费者不同消费偏好的个性化定制，因此需要快速获得消费者的不同需求并准确分析判断消费者的个性需求，能够快速按照要求进行组织生产与制造，新制造工厂生产设备互联互通智能一体化运行，能够更快地感知、自我反应，计算判断，分析决策，自行组织，通过自组织机器进行生产服务，可以说是根据数据计算分析后的智能化制造。由此可见，这一生产方式完全不同于现行的制造方式。现行的制造方式是机器生产机器，是大规模标准化生产制造，其最高等级是全自动无人制造工厂，虽然技术十分先进、生产效率极高、甚至还是智能化的，但由于其还是大规模

---

① 指数据技术。——编者注

标准化生产产品，所以本质上还是 B2C 的制造思路，不能算是"新制造"。

**二是新的生产组织方式。**新制造的全新生产制造方式带来了全新的生产组织方式。如今的制造生产组织方式可以总结为"集中生产，全球分销"，即制造产品的生产组织过程是先圈一块地盖厂房，从全世界把原料买回来，集中大规模生产制造后再运到全世界去销售。这种生产组织方式往往导致大量原料与产品的运输成本增加，制造商与消费者关于产品信息搜寻与交易难度都很大，当消费者需求变化时会导致制造商产品库存严重积压、资金困难等问题，制造企业的这些无关产品本身的成本都需要消费者承担，消费者效用损失很大。而新制造因为是大规模个性化定制，基于新的智能生产系统、在线控制体系以及 C2M 平台，产品制造可以集中大规模定制，也可以完全单个定制如 3D 打印，生产组织过程是根据消费者个性数据生成消费者满意的订单，然后根据订单发送至离消费者最近区域生产制造，最后配送到家。这样的新生产组织方式可以被称为"分散生产，就地配售"，它不再需要集中生产以追求流水线所带来的平均成本降低，也不需要依靠全球性的分销系统追求最大化销售，新制造的物流方式也将发生巨大改变，即所谓的智慧供应链。

**三是新的生产技术基础。**新制造需要全新的技术基础，否则无法实现大规模个性化定制生产与组织。有人将支持新制造的新技术基础称为"云 + 网 + 端"，其中，"云"指的是云计算、大数据等信息交互和使用模式；"网"指的是互联网、物联网、工业互联网等，通过信息传感器，将网络接入；"端"指的是终端、智能应用程序等，负责用户信息的输入和输出。这样说有一定的道理，因为新制造需要掌握消费者海量的大数据，并且能够进行大规模计算分析，新制造需要万物皆联以及生产设备的智能化。但这样的表述并未完全包括新制造需要的新技术内涵。笔者认为，新制造依托的新技术可以从

"硬、软、联"三个方面来说明,一是以 5G 通信、新材料、新能源、新配送等为代表的新制造运行的"硬基础";二是以大数据、人工智能、IT 技术与软件等为代表的新制造运行需要的"软基础";三是以工业互联网、智能物联网、C2M 平台等为代表的"互联性技术基础"。其中 5G 通信、大数据、人工智能是新制造有效运行的基础性新技术,三者形成关联生态系统,成为新制造的核心技术基础(图 1-1)。

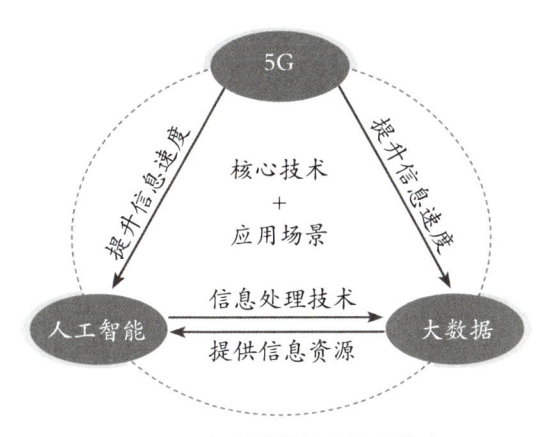

图 1-1 新制造的核心技术基础

**四是新的平台商业模式**。新制造的商业模式是全新的商业模式,模式的载体是 C2M 平台,背后依托工业互联网与智慧物联网,其中 C2M 平台是消费者直接连接制造商的平台,即消费者可以根据自己的偏好直接下单给制造商,要求定制生产,也可以先由制造商根据消费者数据分析出消费者偏好,再由消费者确认下单给制造商定制生产。这一平台不光聚合连接生产商与消费者,还连接供应商、服务商等,提供互动、交流与协同配合,制造商通过平台可以掌握消费者消费偏好的大数据,与定制生产的大数据实现互动,提高每一次生产制造品质,实现消费者消费效用最大化。

C2M 平台的背后是工业互联网，是新一代信息技术与制造业深度融合的新产物，是基于云计算的开放式、可扩展的工业操作系统。工业互联网通过新一代信息通信技术建设连接工业制造全要素、全产业链的网络，以实现海量工业数据的实时采集、自由流转、精准分析，从而支撑生产制造的科学决策、制造资源的高效配置，推动新制造智能化网络化发展。C2M 平台的运行必然要求应用信息数据技术、移动互联网技术与智能技术，并通过便利的数字虚拟空间建立生产者与消费者的连接，移动网络提供方便的接入环境，并通过智能化技术创造出新制造低成本的沟通模式，最终将促使新制造的新一代生产方式发挥真正的实力，为消费者提供便捷的服务。

新制造商业模式的价值主张就是创造消费者满意的个性化产品，其盈利点不仅在于为消费者定制生产个性化产品获得收益，还可以通过大量数据流量的分析与应用实现数字资产价值变现产生收益，更能从为消费者提供使用产品的深化服务中获得收益。可以说，新制造实为建立在互联网数字新技术上采用智能化大规模定制化生产方式的制造，是一种全新的、不同于以往的制造模式，是制造业现在与未来发展的一个方向。

## ▶ "新制造"的发展前提及其基本制造逻辑

以人工智能、大数据、新型通信生产加工等诸多方面新技术与方法支持的所谓"新制造"，实为满足消费者需求而形成的生产服务体系。新制造的产生与发展，有两个基本条件：一是在收入水平日益提高的今天与未来，消费者个人消费偏好变化以及在可支付方面能够得到满足；二是新一轮技术发展与进步在为满足消费者个性化需求的生产服务方面，已经到了足以提供此类产品的时刻。可以说我们今天正在发展的各类新技术新模式，实为人们为现在与未来消费需求与消费习惯变化所准备的。

**一是新制造的消费需求前提。**随着人类知识的增加、人均收入的提高以及人类对新生活方式、幸福生活的追求，人类的消费需求、消费理念、消费习惯正在发生巨大变化。这些变化表现在三个重要的方面，即消费者需求的个性化、集成化与便利化，这些变化就是新制造形成与发展的根本前提。

个性化是指消费者希望按照自己的需求与消费偏好，消费仅为自己个人定制的产品与服务。个性化消费是人们最终、最高的追求，也是消费效用最大化、消费幸福感与满意度的最高级阶段。由于互联网技术、数据技术、智能技术、通信技术等的发展，通过C2M平台，海量消费者的不同需求数据能够被快速收集与处理，进而由智能化的生产制造系统完成快速的个性化生产，如此符合个性化需要的个性化产品的大规模定制生产在技术上已经成为可能，且部分已经实现，个性化定制产品已经不是富裕人群的专供，而是大部分普通消费者可以支付的消费品。

集成化是指消费者希望供应商能够为其生产与服务需求提供"一揽子"解决方案。由于目前生产制造与服务分工的日益深化，消费者的个性化需求是由分工后的各类企业提供专业化的产品制造与服务，由此供应商的制造与服务效率提高了，但对消费者来说则造成许多不便，需要消费者自己去挑选与整合不同的供应商，这不仅需要时间和金钱，还需要精力与知识才能。为此，就需要生产制造与服务的融合，伴随信息技术、数据分析技术的发展，生产制造和服务的横向与纵向的一体化，更有利于提升消费者满意的个性化消费体验。

便利化是指消费者的个性化消费偏好还表现在追求个人认为的经济且方

便的消费方式。消费者个性化消费方式的多样性满足也是消费者消费习惯的多样性满足。满足这种需要，需要信息技术、数据技术、智能生产服务等技术的进步，这一方面使消费者能够便捷地获取想要的商品信息，或快速直接定制商品；另一方面平台的数据中心和信息系统也能根据消费者的需求，准确地为消费者推荐最适合消费的地点与商品，方便消费者有效获取自己想要的商品。

仅从收入支付的角度看，追求个性化、集成化、便利化消费的消费市场会一直增长，成为新制造快速发展的需求支持。这是十分重要的国内市场，如果再加上国际市场的需求，新制造的市场前景是十分广阔的。

**二是新制造的新一轮技术前提**。实现新制造的全新生产制造方式需要全新的技术准备与支持，笔者把这些技术简单归为两大类：基础产业类新技术与智能制造新技术。这些技术的进步直接决定了新制造生产方式实现生产制造的可能，甚至还决定了新工业革命的走向，也将决定未来产业体系的演化方向。

基础产业类新技术，构成了新制造的制造设备与产品的技术基础，主要包括：互联网与物联网信息技术、大数据收集与分析技术、新能源技术及其配置技术、新材料技术及其影响、5G通信技术、人工智能算法与技术、新一代互联网技术、区块链技术等。这些基础产业类技术可以说是新制造得以成立的基本技术基础，是前文所说的"硬、软、联"基础技术以及由此形成的产业。目前这些基础产业类新技术的进步已经开始为新制造提供实现的可能性，而且正在开始改变现行的制造方式，使新制造的规模定制成为现实。

形成新制造的智能制造新技术，主要包括且不限于：智能制造装备技术，嵌入式电子、智能系统与软件控制，智能定制生产与在线控制体系，资源与产品、服务配送技术与系统，等等。这些新技术是形成新制造实体运行的重要组成部分，其中包括设备准备与操作系统、生产准备与控制、信息物流配送等方面。新制造的智能化生产系统及生产制造过程，以及网络分布式生产设施的实现都需要嵌入式电子、智能系统与软件控制的帮助。它们是新制造的智能制造装备的"指挥"。未来，新制造工厂将具备统一的数字、机械、电器和通信标准。以物联网和工业互联网为基础，配备有感测器、无线和 RFID[①] 通信技术的智能制造设备，可以对制造过程进行自组织和智能化监控。

所有这些支撑新制造运行成功的新技术、新方式都是新制造成功的技术前提，而且目前还正在发展进步。这些技术的进步与发展会深刻影响甚至决定新制造的方向，由此可能带来未来产业与产业体系的变化。

**三是新制造的基本制造逻辑**。新制造的消费需求与技术前提决定了新制造的基本制造逻辑。新制造的核心生产方式是数据分析基础上的智能化大规模定制，这一制造模式不同于现行制造业的制造模式。新制造的基本制造逻辑起点是 C2M，即消费者直接把个性化需求告诉制造商，制造商据此进行个性化定制并提供之后的服务。这一逻辑起点完全不同于现行制造的逻辑起点，现行制造的逻辑起点是 B2C，是制造商生产制造后再分销给消费者。这两者的不同导致了两种制造模式的资源配置效率、生产的外部性影响、对数据信息的掌握与分析等方面的完全不同，优劣势立刻可见。

从图 1-2 看，新制造的基本制造逻辑是：一方面，消费者根据自己的消费需求将个性化、集成化、便利化要求通过互联网 C2M 平台输入数据中心，数据中心进行计算分析，将消费者个性化需求变为生产过程可以接受的数字指令或程序，然后传递给新制造系统，新制造系统进行智能化定制，完成后交付给消费者。新制造系统根据此产品同时生产智能服务清单，进入服务平台，服

---

① 指无线射频识别。——编者注

务平台产生智能服务集成，然后为消费者提供个性化便捷服务。另一方面，新制造系统在生产制造过程中将产生的大数据收集并传递给数据中心，进行云计算分析处理，然后把发现的生产制造过程可以优化的数据转化为下一轮制造过程优化方案，完善自身的生产制造过程，同时由智能分析与数据控制进行调整，经由数据互联互通与物联网状态下的智能互联生产服务系统调整与控制生产线，进而不断优化完成个性化的产品生产与服务，将消费者满意度最大化。

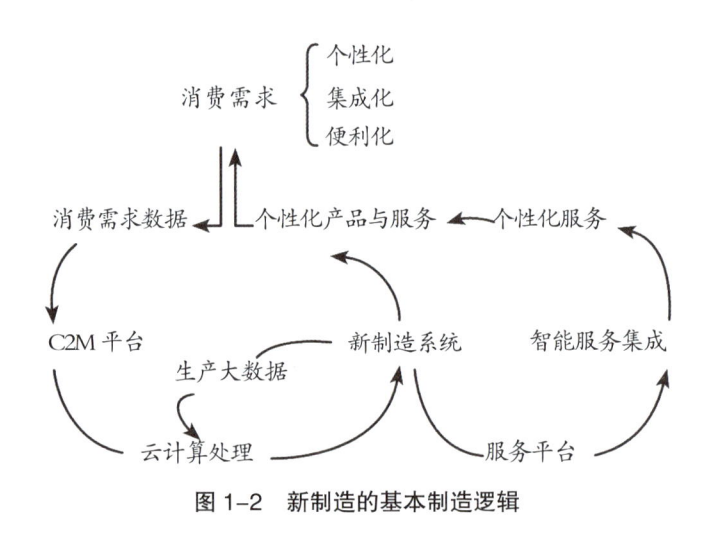

图 1-2　新制造的基本制造逻辑

### ▶ 推进新制造发展的思考与对策

首先，实施"弯道超车"策略。面对全球制造业发展的新变化，面对新一轮技术革命，我国制造业要有跨越与赶超的勇气与动力，抓住消费需求转变的历史时刻，抓住新一轮技术革命，特别是目前大数据、人工智能技术正在发展，我国在 5G 通信方面已经有领先优势，在高端智能设备制造、数字制造方面不断进步的情况下，我国新制造发展的策略，应该是"抓住机遇，创新领先，弯道超车"，也就是在发达国家技术封锁的环境中通过自主创新实现技术突破，抢占全球制造业的价值链高端，发展形成新制造的生产模式，形成新制造的核心竞争力，从而推动我国由制造大国向制造强国转变，成为全球制造业的领军者。

其次，培育新制造的三个重要能力。作为制造业的全新制造模式以及制造业发展的现实与未来方向，新制造具有制造业发展的前瞻性，能够带动制造业与价值链的转型和升级；具有较高的价值链控制力和一定的价值链治理权；能够发挥知识溢出效果、产业关联带动作用，以及有助于形成低碳、循环经济、环境友好的产业生态系统。为此，我国在推进新制造发展过程中特别需要注意培育三种能力。

一是全球价值链控制力。新制造应该成为制造业全球价值链领军者，具有较高的全球价值链控制力。新制造的价值链控制力是指通过价值链上关键环节和关键技术、生产技术标准掌控链上其他的合作供应商与之配套合作，共同创造价值。由于有控制力，新制造具有相关产业的战略引领性，即一方面意味着新制造本身具有产业发展的前瞻性，另一方面能够带动其他价值链上相关产业集聚发展和产业升级，同时能够在为消费者提供生产服务的过程中获得高附加值。

二是自主创新发展能力。"新制造"之所以"新"，是因为它是新技术发展的结果，是科技创新产业创新的结果。"新制造"的"新"应该是持续性的"新"，不是一时的"新"。为此，新制造需要强大的创新发展能力，能够不断使新制造的技术、工艺、产品、服务迭代，成为制造业发展的风向标。

新制造的强大创新发展能力不光表现在能够出成果，还表现在能高效率地出成果，快速地出成果，这样才能一直保持全球领先地位。

三是强大的国际竞争力。新制造在生产制造方式、个性化产品、新工艺方面的创新，并不能够保证新制造具备国际竞争力。强大的国际竞争力是指新制造有全球独到的技术诀窍，可以为全球消费者提供他们偏好的最满意的产品与服务；有赖于全球其他合作产业、合作企业以及开放创新。

推进新制造发展有三大策略。一是传统制造转型升级与新制造发展并重。新制造是制造业发展的方向，是成为制造强国的必经之路。为此，在推动新制造发展时必须重视对现行制造业的数字化、智能化改造，对生产制造方式进行逐步转变。不能只关注新制造的发展而忽视对传统制造的转型升级的大力推动。我国传统制造业在数字化、智能化转型后至少可以具备技术含量高、经济效益好、创新能力强、资源消耗低、环境污染少的特点，同时，由于其原有的产业基础深厚，在创造就业、提升服务等方面可以继续发挥重要作用，因此，时下促进新制造的发展和传统制造业的转型升级应当是同等重要的。

二是"双循环"与协同创新并重。"双循环"的关键是产业链可以循环起来，为此需要"扬长补短"，完善国内产业链供应链，补上关键技术的短板。在"双循环"新发展格局下，新制造的目标市场首要的是国内市场，其次是国际市场。新制造成功最主要的是在关键技术环节实现突破，例如芯片，通过发展新技术、新工艺促进国内生产，摆脱关键技术主要依赖进口的困境。为此，需要发挥各方力量，包括国际的力量进行融合协同创新，其中如何促进政府、高校、科研院所、企业等创新主体的联动，形成"政产学研"一体化机制，全面推动新制造的研发与创新十分重要。

三是实现新制造产业链、供应链的关键环节集群式发展。新制造的产业链由许多不同环节组成，每一个环节创造的价值都不相同，产品价值由产业链上的某些关键环节主导，关键环节对产业链创造价值和推动整个产业链的发展发挥着重要作用，在产业链发展中处于领导地位，是产业链的竞争优势。为此，政府可采取相应措施来促进我国新制造产业链、供应链的关键环节集群式发展，突破关键的数字技术、人工智能算法、智能装备生产、工业互联网、操作系统、新制造的 C2M 平台、新工艺技术等，助力推动新制造发展，从而带动我国制造业的全面转型升级。

## 参考文献

[1] 雷新军, 邓立丽. 供给侧改革视角下上海制造业转型升级路径探索 [J]. 上海经济研究, 2017(7):81–92.

[2] 芮明杰. 构建现代产业体系的战略思路、目标与路径 [J]. 中国工业经济, 2018(9):24–40.

[3] 芮明杰. 加快发展数字经济三大新基础产业 [N]. 解放日报, 2020-03-03.[版次不详].

[4] 施展. 溢出：中国制造未来史 [M]. 北京：中信出版社, 2020.

[5] 马化腾, 孟昭莉, 闫德利, 等. 数字经济：中国创新增长新动能 [M]. 北京：中信出版社, 2017.

# 警惕制造业盲目智能化带来的风险

杜传忠

南开大学经济与社会发展研究院教授

制造业智能化是新一轮工业革命的核心内容，是我国制造业转型升级的主攻方向，也是建设制造强国的必由之路。在加快推进制造业智能化发展的热潮中，一个令人忧虑的现象是，很多地方和企业无视制造业智能化的内在逻辑及要求，"一窝蜂"地推进制造业智能化，盲目上项目、扩投资。这样推进制造业智能化，蕴藏着一定的危险性，特别是在这个速度化时代，一旦失误，将损失巨大，甚至直接关系到企业存亡和行业发展前景，进而影响国家整体经济运行。为此，应在当前制造业智能化热潮中保持高度的清醒和冷静，真正遵循制造技术演变与创新发展的规律，避免盲目跃进思维的干扰，谨慎决策，规避风险，积极而稳妥地推进我国制造业智能化发展。

## 我国制造业智能化发展现状

推进制造业智能化、发展智能制造是新一轮工业革命的内在要求，是抢占未来发展制高点的必然之举。欧美发达国家加紧布局发展智能制造，并形成了以德国工业4.0、美国工业互联网为代表的两种基本范式。在我国，以习近平同志为核心的党中央高度重视制造业的智能化。工信部等部委相继发布了《智能制造发展规划（2016—2020年）》《高端智能再制造行动计划（2018—2020年）》等多个文件，各级地方政府也配套实施了多项制造业智能化相关的战略规划。

目前，从总体上看，我国智能制造发展正从初期的理念普及、试点示范阶段，迈向深入实施、全面推广阶段。首先，作为制造业智能化重要工程的两化融合[①]不断深化。截至2020年6月，全国应用两化融合管理体系标准企业数量突破2.8万家，企业数字化研发设计工具普及率达71.5%，关键工序数控化率达51.1%，数字化转型成为各行业广泛共识，信息技术加速在全流程、全产业链渗透融合和集成应用，制造业核心竞争力持续提升。其次，智能制造项目与模式推广迅速。我国已建成600多个具备软硬件系统集成、跨业务数据共享等智能化特征的数字化车间和智能工厂，并在服装、家具等领域形成大规模个性化定制模式，在航空、汽车等领域形成网络化协同模式，在电力装备和工程机械等领域形成远程运维模式，等等。在全国范围内带动256家制造企业复制推广了1300多个项目，有力地推动了制造业智能化。在智能制造试点示范项目和新模式应用项目中，企业的生产效率平均提高了44.9%，能源利用率提升了19.8%，运营成本降低了25.2%，产品研制

---

① 指工业化和信息化的深度融合。——编者注

周期缩短了35%，产品不良率降低了35.5%。再次，制造业智能化基础设施建设取得明显进展。全国已建成超过70个有影响力的工业互联网平台，连接工业设备数达4000万台（套），工业App突破25万个。平台解决方案在区域、行业、企业纷纷落地，开始形成以平台为核心，以解决方案、创新推广中心、产业基金、实训基地为支撑的"平台+"生态体系。最后，智能制造标准建设成效明显。我国先后建设了191个标准试验验证平台，发布了267项国家标准，船舶、纺织等细分行业智能制造标准体系相继建立，积极参加国际标准化组织（ISO）、国际电工委员会（IEC）等组织的工作，牵头发布无线通信技术WIA-FA标准等28项国际标准，智能制造标准体系日趋完善。

与此同时，我国制造业智能化也存在一定的盲目性，主要表现是：有的企业在对制造业智能化内容、要求等缺乏清晰认知的情况下，贸然推进智能化升级改造，出现明显失误，造成严重浪费。有的企业忽视效率原则，在缺乏对智能化投资效益进行预测、评估的情况下，贸然推进大规模的智能化改造，有的甚至是为智能化而智能化，从而造成效益低下，甚至入不敷出，难以为继；有的企业"跟风"、攀比心理较严重，因看到同行在数字化、智能化过程中受益，所以急切地进行智能化改造；还有的企业为了获得资本市场的青睐，过度炒作"智能制造"概念，匆匆上马一些缺乏实质性内容的智能改造项目，在自身技术、产业、模式等不具备的条件下盲目推进智能化，结果事倍功半。以近几年持续热度不减的"机器换人"为例，一些地区在很短的时间内便涌现出一大批工业机器人、自动化企业。据中泰证券统计，2016年中国工业机器人产量为7.2万台，结果一年之后，这个数字涨了近一倍，2017年工业机器人产量达13.6万台，同比大增81%。很明显，这种智能化改造存在一定的泡沫和盲目性。从近几年的股市行情看，政府过度出台扶持、优惠政策，凡沾上"智能制造"企业的股价都得到了上涨。

## ▶ 制造业盲目智能化风险的原因探析

导致我国制造业智能化出现一定盲目性的原因是多方面的，例如对制造业智能化内涵与特征认知不到位、企业智能制造发展基础不牢固等，当然，也与政府在政策引导、试点示范等方面存在的短板有一定关系。实际上，以上几个方面的原因又是交织在一起的。

首先，一些企业对制造业智能化或智能制造的认知存在一定偏差。智能制造是新一代信息技术与制造深度融合的过程，自身具有复杂的技术内涵及模式要求，是覆盖产品全生命周期、全产业链、产品生产各个环节的系统优化过程，需要在产品、生产技术、产业模式和制造系统等层面进行创新。但是，目前许多企业对智能制造的认知缺乏系统性与深刻性，具体表现在：一是一些企业对"智能"与"制造"的关系认知存在偏差。智能制造的本质是"制造"，"智能"只是作为一种新技术对制造加以赋能，这一赋能过程涉及制造业生产流程与运行模式的变革。作为智能制造主体的制造，如果在产业基础、技术性能、工艺设备等方面不具备必要的条件，强行推进制造业智能化，势必因其盲目性而无法为制造业赋能。二是一些企业对智能化过程中"软硬关系"的认知出现了一定偏差。国内一些制造业企业在智能化过程中偏于智能硬件的使用，如盲目大量引进国外的工业机器人、打造自动化生产线等，却相对忽视了对软件的投资。实际上，"智造"是硬件、软件的总集成，软件可以搜集环境以及自身信息，并做出相应的判断和规划行为，为生产提供最优解决方案。只注重硬件而忽视软件无法达到真正意义上的"智能制造"。三是一些企业对智能制造目标的认知出现了一定偏差。企业作为市场经济的独立主体，其投资行为理应服从效益指标，对制造业智能化投资也应如此。一些企业盲目追求智能制造的先进性、模式化，甚至出现为智能制造而智能制造，搞攀比、随大流等现象，这体现了其在制造业智能化目标认知方面的偏差。

其次，我国制造业智能化转型的基础相对薄弱。智能制造需要相应的技术和管理基础。从技术角度出发，如果没有完善的自动化技术，关键工序的实现依然依赖工人的熟练程度，那么生产流程就难以在较低的成本下实现数字化，无法从数字化的生产流程中提炼出符合标准的数据资源，智能制造技术就缺少了最为关键的生产要素投入。从管理的角度出发，如果企业对生产流程依然实行粗放管理，物料和工件质量不一、研发设计与市场需求脱节、对供应链管理和售后服务等重视程度不足，那么智能化改造不但不能解决这些问题，还会因此无法发挥作用，甚至由于技术与管理的进一步脱节为企业经营带来更大的困难。目前，我国大部分制造企业在进行智能化转型时普遍存在智能化基础薄弱问题，这是导致盲目智能化行为的重要原因。

从发展范式看，制造业智能化需要经历从数字化制造到数字化网络化制造，进而到数字化网络化智能化制造的三个阶段。我国制造业智能化的总体推进路径已经明确，即"融合推进、并联发展"，也就是不必走发达国家的老路——从工业1.0到2.0，再到3.0，最后才到4.0的串联式推进路径，而是借助于新一代信息技术的应用，"以高打低"，加快推进不同层次的制造业智能化，从而发挥我国后发优势，实现换道超车。但这只是一种总体发展路径，具体到每一个国家的制造企业，要推进智能化，工业2.0、工业3.0都是不可逾越的阶段。目前，我国大部分制造业企业的生产水平处于工业2.0阶段，甚至有少数仍处于工业1.0阶段，只有各细分市场上的龙头企业才达到工业3.0所要求的生产水平和管理水平。即使像通用电气公司（后文简称"通用电气"）这样最先提出"工业互联网"概念的国际著名跨国公司，在推进智能制造过程中也面临夯实基础的问题。通用电气在2013年即推出了其工业互联网产品Predix[①]，在2015年围绕Predix成立了通用电气数字集团，全面进军智能化改造市场。但除了服务通用电气自身的智能化改造外，该部门的业务始终难以对外推广，最终因营收难以覆盖成本，在2018年年底被通用电气剥离，至此通用电气推广工业互联网的计划基本宣告失败。通用电气工业互联网产品失败的根本原因在于，目前全球制造业的智能化转型市场依然不成熟，智能制造不具备广泛推广的基础和条件。这种情况在我国可能更为严重。在这种基础条件下，强行推进制造业智能化往往会造成超越现实条件约束和智能制造要求的盲目投资和急性推进，结果是欲速则不达。

再次，政府行为有待进一步优化。第一，政策引导和典型示范工作有待加强。在市场经济条件下，推进智能制造无疑应是一个市场化推进的过程，虽然在这一过程中政府的作用不可或缺，但怎样才算是"到位的"推进智能制造的政策？政策的内容、实施方式及机制如何？一些政府部门并不是很明确。有的地方政府把政策的着力点直接放在资金支持上，如财政补贴、税收优惠、成立产业基金等，但从智能制造作为一项复杂的系统性工作，基于系统视角实施配套性政策引导、推动方面，做得还不够，尤其是在典型示范、成功经验推广方面还有待加强。第二，一些地方政府过度鼓励造成智能化投

---

① 用于从工业仪器中收集数据的软件平台。——编者注

资的"潮涌现象"。"潮涌现象"是林毅夫在分析产能过剩问题时提出的概念，指全社会对某一行业具有较好前景形成广泛共识，不约而同地进入该行业，造成短时间内大量企业涌入，使得该行业从还存在一定市场空间的状态迅速变为产能过剩的状态。制造业智能化过程中也出现了类似现象，并且这种现象很大程度上与政府的过度鼓励有关。政府的激励政策对于激发制造企业智能化改造热情、提升企业智能化改造能力无疑是必要的，问题是这种激励应保持在合理的范围内。如果不区分行业基本特征、智能化改造的具体需求就实施激励政策，势必会诱发企业智能化改造的盲目投资。事实上，许多企业的智能化改造主要是为争得政府优惠项目，而未对智能化自身存在的难度、可能实现的效益等给予足够关注。

最后，企业在制造业智能化过程中的盲目性及跟风行为，也与企业经营的外部环境有一定关系。近年来，企业经营面对的国内外经济环境发生了巨大变化，企业经营成本包括人力成本明显上升，利润率水平明显下降。在这种情况下，面对智能化浪潮的冲击，很多企业把降低成本、提高效益的希望过度寄托于智能制造，从而一拥而上，大力推进制造业智能化，实施机器换人，建设无人工厂、无人车间等，而忽视了以上提到的这一过程本身的复杂性、系统性特征，一些企业甚至产生一种"跟风式"冲动，在推进智能化过程中盲目攀比，攀比的不是流程的科学性、路径的合理性，而是盲目上项目、增投资。

## ▶ 制造业盲目智能化带来的潜在危害

一是延缓制造强国建设进程。从企业层面上，一方面，盲目进行智能化投资，为争取政策优惠而盲目上项目，忽视投资效益和实际效果，会使企业陷入智能化改造的困境而最终难以为继，对企业的智能化转型升级并不能产生实质效果。真正意义上的制造业智能化，如系统解决方案供应、关键技术创新等，都不是只靠投资就能够得到有效解决的。另一方面，盲目推进制造业智能化有可能因形成路径依赖，被"锁定"在不合理的技术和模式路径上。技术路线的演进往往并不只有一种结果，而存在多重均衡。目前的智能制造技术本身还处在发展的过程中，如果制造业在现阶段盲目智能化，过度投资，就有可能被"锁定"在现有的技术路线上，即使此后出现更先进、更高端的智能制造新技术、新模式，可能也难以实现有效替换。这种技术路线的低端"锁定"状态显然不利于推进我国制造业高质量发展和制造强国的建设。

二是不利于推进经济高质量发展。制造业是我国实体经济的主体，制造业高质量发展是实现整体经济高质量发展的重要支撑。制造业智能化无疑是实现我国制造业高质量发展的重要途径。但制造业智能化作为一项较为复杂的系统性工程，具有投资量大、波及面广、影响深远等特点，一旦出现盲目投资或投资失误，将对制造业升级发展造成不利影响。目前，一些制造业企业由于盲目投资，造成新的产能过剩。以机器人行业为例，大量企业盲目追逐风口进入机器人领域，导致工业机器人企业数量过多、低端产品产能过剩等问题的出现。数据显示，我国已建成和在建的机器人产业园区超过了40个，短短几年时间，机器人企业的数量就超过了800个。在第十二届全国人大五次会议的记者会上，工信部副部长辛国斌就曾谈道，"我们也确实觉得在机器人这个领域，有高端产业低端化和低端产品产能过剩的风险"。盲目投资、产能过剩，将会导致新的经济失衡，制约制造业乃至整个经济的高质量发展。

三是不利于自主可控智能制造生态的形成，对产业安全造成不利影响。现阶段，企业盲目智能化，忽视制造业关键核心技术创新，造成"制造"与"智能"的隔离，特别是忽视制造能力的强化，制约智能制造系统的集成和自身制造能力、制造基础及设备的加强。在自主创新能力和产业基础能力薄弱的前提下靠盲目投资发展的智能制造，可能导致我国制造业充斥大量外国技术和装备，这会对制造业产业体系的自主可控性造成一定隐患。当前，我国智能制造装备产业所需的许多核心零部件、元器件及关键智能装备主要依赖进口，智能制造"空心化"隐患较为突出。除了智能硬件，操作系统及工业软件缺失的问题也较为严重，一些跨国软件巨头加快布局智能制造的生产控制及操作系统。例如，在工业互联网平台布局方面，50%左右的工业PaaS（平台即服务）平台采用国外开源架构，90%以上企业使用欧美企业的CAD（管理软件计算机辅助设计）、CAE（计算机辅助工程）、PLM等高端工业软件。制造企业的智能化盲目发展削弱了制造业关键核心技术的创新能力，对产业安全造成不利影响。

四是盲目推进"机器换人"可能诱发诸多不良影响。近年来，企业盲目智能化的一个重要表现是过度追求"机器换人"，而忽视这一过程中的精益管理，忽视由此可能带来的负面影响。应该说，随着我国人口红利逐渐消失，传统制造企业用工成本不断上升，"机器换人"势在必行。但作为企业智能化改造的重要内容，"机器换人"并非一换了之，它的实施需要以精益管理、人本管理等作为基础。以南方某制造企业智能化改造的经验总结为例，该企业所实施的某智能化改造项目失败的首要原因就是在软件设计时只考虑要实现的功能，但人性化程度不足，未能充分考虑人机交互过程中的需求。实际上，企业智能化改造需要将智能制造技术与传统制造中的各项流程、工艺相结合，在此过程中现场的工程师和技术工人发挥着不可替代的作用。如果只是盲目推进"机器换人"，忽略相关模式的配套和创新，就难以实现智能化改造的效果，并对企业长期竞争力造成损害。同时，还会造成进口机器人占据我国主要市场，而国人就业机会进一步减少的问题，特别是可能造成简单技能劳动力失业加剧，这也是盲目智能化的危害之一。此外，进口机器人后期较高的维护成本还会增加企业运营成本，使企业透支大量财力，制约企业的正常运行和发展。

## 防止和杜绝制造业盲目智能化的思路及对策

第一，提高对制造业智能化的认知水平，明确目标导向，夯实发展基础，系统协同推进。一要明确制造业智能化是一个复杂的系统性工作，不能只将其看作一个技术问题，一味扩大投资，盲目引入机器人等新设备，需要整体设计推进方案，协同推进硬件、软件耦合，以及生产方式、制造流程、管理模式等的智能化进程。二要进一步明确制造业智能化升级的基本目标导向是为了降本、提质、增效，而不是为智能化而智能化，更不是玩概念、赶时髦。"需求导向、效益优先"是企业智能化转型升级的基本原则。三要牢固树立智能制造的本体是"制造""智能化"，这是实现制造业转型升级基本手段的理念。制造能力提升才是制造业智能化推进的基础和前提。为此，要夯实智能制造的根基。在政府层面，应进一步强化核心基础零部件（元器件）、先进基础工艺、关键基础材料和产业技术基础"四基"发展，同时加强信息基础设施建设，尤其是 5G 网络、工业互联网、大数据等新基建建设。制造企业要从核心技术、零部件、材料、基础制造工艺、软件等方面入手，扎扎实实做强制造根基。在技术层面，着眼于实现新一代信息技术和制造业深度融合，从自身基础条件出发，选择适宜的技术类型和模式。在工艺、设备层面，要推进制造企业的大规模技术改造，加快形成与智能化升级配套的制造设备和工艺，夯实制造业智能化的基础。

第二，政府应进一步加强顶层设计，有序推进制造智能化进程。进一步强化已有战略及规划的现实针对性和可实施性、可操作性，尤其要加强专项规划的制定。要增强规划的前瞻性、衔接性和协同性。中央政府应进一步明确数字化制造、数字化网络化制造及新一代智能制造三大范式并联推进的具体机制和路线图，通过更加有效的政策引导减少制造业智能化过程中的盲目性，对处于工业 1.0、工业 2.0、工业 3.0、工业 4.0 不同阶段的企业采取不同的激励措施，促使大部分企业完成数字化"补课"的任务，少数处于工业 3.0 甚至更高阶段的企业，应通过新建自动化生产线和数字化车间，建设企业的数据流，为智能制造的长远发展奠定必要的基础和条件。地方政府在推动智能制造发展的同时，为避免智能化过程中企业盲目投资和恶性竞争，应加强对行业整体的统筹规划和监管，明确市场准入标准、智能产品质量评定和检测认证标准，建立健全相关检测机构及公共服务平台，防止无序竞争。注重建设智能制造产业生态，融合创新发展生态，深化产融合作和产教融合，缓解智能化改造过程中的资金压力，防范一些企业对相关技术的认知偏差。

第三，注重打造智能制造产业标杆和示范企业，发挥典型企业的示范引领效应。打造一批重点行业智能工厂、数字化车间和标杆企业等。围绕设计、研发、生产、物流、运维服务等全生命周期各环节，培育更多国家级试点示范企业和全球"灯塔企业"，及时总结示范企业经验和模式，在相关行业领域复制、推广，成立专门组织对示范推广效果进行评估。在打造示范企业的基础上，进一步形成一批智能制造示范区，引领一批产业配套的中小微企业发展，形成一批产业链完善、辐射带动作用强的智能制造集聚区和产业园区。针对企业智能化改造遇到的痛点和难点，通过政策解读、智能制造标准宣传贯彻、现场诊断、撰写主题报告、促成供需对接等活动，及时加以解决，预防出现盲目投资和资源浪费现象。

第四，在系统推进基础上加快突破制造业智能化的一些关键环节，从根本上消除盲目化风险。以需求为导向，大力加强基础研究和应用研究，围绕薄弱环节补齐短板，加快实现共性技术、关键技术的重大突破，培养一批智能制造系统解决方案提供商，大力提升制造业智能化技术和生态支撑能力。例如，山东省采取"揭榜挂帅"等方式，重点突破工业智能算法、工业机理模型等工业互联网核心技术和关键共性技术，建设工业互联网应用推广中心、5G联合创新中心等创新载体，加快"中国算谷"等重点项目实施。只有从技术上、生态支撑上解决企业智能化改造面临的难题和制约，才能从根本上消除制造业盲目智能化的风险。

**参考文献**

［1］黄鑫.工业化和信息化加速融合发展[N].经济日报,2020-11-05.[版次不详].

［2］周济.走向新一代智能制造[J].中国信息化周报,2018(6):20-23.

［3］林毅夫,巫和懋,邢亦青."潮涌现象"与产能过剩的形成机制[J].经济研究,2010,45(10):4-19.

# 第二章
# 突破困境，创造新天地

从第一台电子管计算机试制成功，到如今北斗导航卫星全球组网以及新能源汽车、人工智能等加快应用，中国坚定的知识投入和技术积累使各项技术实现了从量变到质变的飞跃。要在夯实中国制造"底气"的基础上，继续突破引领创新型人才供给不足、科技成果市场化能力不足等"短板"问题，闯出高质量发展新天地。

# 中国创新能力的现状研判与前景展望

关成华

首都科技发展战略研究院院长、研究员

2020年9月2日,世界知识产权组织(WIPO)在日内瓦发布了《2020年全球创新指数》(*Global Innovation Index* 2020),展示了131个经济体的年度创新排名,以及最新的全球创新趋势。其中,中国排名第14位,连续两年位居世界前15行列,在多个领域表现出领先优势,是跻身综合排名前30位的唯一中等收入经济体。表2-1是中国2011—2020年在全球创新指数的世界排名。

表2-1 2011—2020年中国全球创新指数世界排名

| 2011年 | 2012年 | 2013年 | 2014年 | 2015年 | 2016年 | 2017年 | 2018年 | 2019年 | 2020年 |
|---|---|---|---|---|---|---|---|---|---|
| 29 | 34 | 35 | 29 | 29 | 25 | 22 | 17 | 14 | 14 |

当前,以全球创新指数为参考,回顾中国科技创新主要特征,研判中国

创新能力的"底气"和"短板",对于下一阶段更好地发挥科技创新在中华民族伟大复兴中的支撑引领作用具有重要意义。

## ▶ 中国在全球的创新地位不断提升

中国创新能力提升显著,已进入创新型国家行列。从近 10 年全球创新指数来看,中国排名快速攀升,在"十三五"期间表现突出,从 2015 年的第 29 位持续稳步提升至 2019 年的第 14 位,指数排名的跃升,浓缩了中国"十三五"期间创新巨变的澎湃历程。2020 年中国依然保持在全球创新指数榜单第 14 位,创新能力指数位列前 15 名,被认为已进入创新型国家行列。同时,中国也是 2020 年跻身《全球创新指数》综合排名前 30 位经济体中唯一的中等收入经济体。

中国两大创新集群位列全球前 4 位,创新集群表现优异。全球前 100 个科技创新集群分布在 26 个国家和地区。美国拥有 25 个领先的科技创新集群,依然是全球科技创新集群数量最多的国家;中国凭借 17 个全球领先的科技创新集群排名全球科技创新集群总量第 2。2020 年,东京-横滨再次成为全球表现最好的科技创新集群,在其之后的科技创新集群依次为深圳-香港-广州、首尔、北京和圣何塞-旧金山。整体来看,中国是中等收入经济体中拥有科技创新集群最多的国家,且两大科技创新集群排名位列全球前 4,科技创新集群整体表现优异。

中国已初步确立创新领先者地位,多项指标名列前茅。《全球创新指数》自 2007 年起每年发布,经历多年的演化,指标体系日趋稳定,分为创新投入和创新产出两大模块。投入模块包含制度与政策、人力资源、基础设施、市场成熟度和企业成熟度5个指标，产出模块包含知识和技术产出、创造性产出两个指标。《全球创新指数》系统衡量了全球131个国家的综合创新能力，涵盖了全球93%的人口和超过98%的GDP。《2020年全球创新指数》报告显示中国已初步确立了创新领先者的地位，在专利、实用新型、商标、工业品外观设计申请量和创意产品出口等重要指标上名列前茅。

## ▶ 回顾"十三五"时期，中国科技创新的"底气"与"短板"

中国"十三五"时期科技创新的"底气"。一是量质齐升，创新型国家建设取得重大成效。一方面，科技事业发展取得了诸多成就。如2019年我国全社会研发经费支出为2.21万亿元，2015年该指标为1.42万亿元，"十三五"期间整体增长幅度达55.6%；2019年我国基础研究经费为1335.6亿元，2015年该指标为716.1亿元，"十三五"期间整体增长幅度达86.5%；2019年我国技术市场合同成交额为22398.4亿元，2015年该指标为9835.79亿元，"十三五"期间该指标增长幅度达127.7%；2019年我国研发投入强度为2.23%，2015年该指标为2.06%，"十三五"期间该指标增长幅度达8.3%。另一方面，我国在基础研究和关键核心技术攻关方面也有诸多进展。如量子信息、铁基超导、干细胞、合成生物学等基础研究领域取得大批重大原创成果；北斗导航全球组网，C919首飞成功，悟空、墨子等系列科学实验卫星成功发射；磁约束核聚变、散裂中子源等设施建设取得突破。

二是钟灵毓秀，领军人才、创新团队加快涌现。2019年我国研发人员全时当量为480万人/年，2015年该指标为376万人/年，"十三五"期间增长幅度达27.7%；2019年每万名就业人员中研发人员数量为62人/年，2015年为48.5人/年，"十三五"期间该指标增长幅度达27.8%；2019年"十年内高被引[①]论文数"为30755篇，2015年该指标为15011篇，"十三五"期间该指标增长幅度达104.9%。根据科睿唯安2020年11月18日发布的2020年"高被引科学家"名单，全球60多个国家的6167位来自各领域的高被引科学家入榜。其中，中国内地上榜人数继续激增，入选科学家从2019年的636人次（占比10.2%）上升到2020年的770人次（占比12.1%）。中国内地于2019年取代英国成为第二大"高被引科学家"所在地区。2020年，中国内地仍位居第2，如图2-1所示。

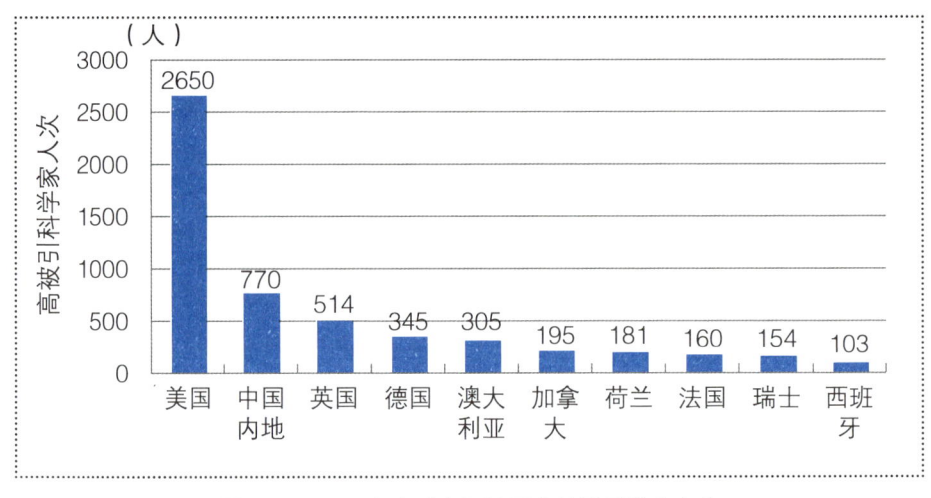

图2-1　2020年全球主要地区高被引科学家人次

三是方兴未艾，全国创业孵化载体蓬勃发展。《中国创业孵化发展报告（2020）》显示，截至2019年年底，全国创业孵化载体数量达到13206家，

---

① 指高频次被引用。——编者注

其中孵化器5206家、众创空间8000家。全国在孵企业和团队共有65.8万家。创业孵化机构2019年总运营收入654.6亿元。全国创业孵化载体蓬勃发展，主要体现在两个方面。第一，创业孵化事业带动就业效果明显。2019年，全国创业孵化机构从业人员达到16.8万人；在孵企业和创业团队共吸纳就业450.3万人，同比增长22.8%，其中，孵化器在孵企业吸纳就业294.9万人，包括应届毕业大学生26.5万人；众创空间在孵企业和团队吸纳就业155.0万人，包括应届毕业大学生19.9万人。第二，在孵企业和团队科技成果产出明显。截至2019年，拥有的有效知识产权数共计90.6万件，同比增长38.1%，其中，孵化器拥有的有效知识产权数为56.3万件，同比增长27.7%；众创空间常驻企业和团队拥有的有效知识产权34.3万件，同比增长60.2%。

中国"十三五"时期科技创新的"短板"。一是缓不济急，科技体制改革滞后制约创新能力的提升。当前，新发展格局对科技创新提出了新的要求。然而，我国科技领域体制机制改革尚且存在诸多薄弱环节和短板，包括科技与经济融合性较差、企业科技创新主体地位不突出、科技创新激励机制和评价体系不完善、关键领域和环节高精尖专业人才匮乏、科技投入产出效益不高、科技成果市场化能力不足等，亟须进一步释放科技创新改革效应。"十三五"期间，我国科技体制改革不断深化，然而，与建设世界科技强国的目标要求相比，我国科技体制依然存在一些深层次问题。一方面，有效应对科技创新资源投入不足的准备不充分。另一方面，适应新技术快速发展的监管能力和水平尚且不足。同时，有效组织产学研协同攻关的体制机制不健全。

二是四郊多垒，科技人才面临的外部打压形势依然严峻。随着我国转型发展的需求日益紧迫，外部环境日趋复杂，科技人才队伍将面临外部持续打压和内部供给结构失衡的双重风险，人才安全形势严峻。首先，科研人员的国际合作与交流受限，向具有世界先进水平人才学习的机会减少。其次，引才用才的方式和政策创新不足，难以吸引全球优秀人才。我国引智方式行政色彩较重，合法合规风险评估不足。人才发展环境不够优化，海外人才在华工作存在诸多不便，在签证制度、薪酬水平、子女教育、医疗保障等方面政策保障不到位，对海外人才的吸引力不足。最后，人才结构性矛盾突出，难以适应科技发展的需求。尽管我国是全球第一人力资源大国，但每千人就业人员中从事 R&D[①] 活动人员比例远低于发达国家水平，人才缺口依然较大，而且由于长期以来一些地方对创新思维和创新能力的培养不足，导致一些科研人员缺少另辟蹊径的勇气，引领创新型人才供给不足，特别是人工智能、生物等新兴技术领域"高精尖"人才匮乏。

## ▶ 展望未来，中国创新能力提升的战略举措

第一，革故鼎新，加快完善科技创新体系，主动应对国际竞争环境变化。当前及今后一段时期，我国发展仍然处于战略机遇期。一方面，新一轮科技革命和产业变革正在加速演进，依靠科技创新打造新的增长动力，创造新的经济增长点成为各国的普遍诉求，科技创新成为世界主要国家提升产业竞争力和国家整体实力的关键，也是大国竞争、各国博弈的核心；另一方面，随着我国科技和经济实力的快速提升，我国在世界科技创新和经济版图中的地位发生了重大变化，必然导致一些发达国家将我国视为战略竞争对

---

① 研究与试验发展或研究与开发。——编者注

## 第二章 突破困境，创造新天地

手，对我国科技进行围堵、打压和遏制等。为此，我们必须紧紧抓住新一轮科技革命和产业变革的历史性机遇，加快完善科技创新体系，主动应对国际竞争环境变化及各类潜在风险和挑战，把发展建立在加强自主创新的基础之上，切实将科技创新作为未来经济社会发展的新引擎。

第二，继往开来，把握科技发展新方向，构建国内科技创新大循环。当前，全球发展面对严峻挑战和不确定性，中国经济发展正在步入中速增长阶段，迈进高质量发展阶段，面对各种挑战，科技创新是中国走高质量发展道路的重要抓手。面向近期，以新基建、数字经济等为抓手，构建国内科技创新大循环，努力实现国内技术发展向第四次工业革命的牵引和跃迁。面向中期，我们需要加强技术预测和前瞻研判等基础性工作，准确把握科技创新发展方向，提供更加科学的决策依据。面向长期，我们要加强国家战略必争领域创新能力，摆脱路径依赖，于危机中育新机，于变局中开新局，以更加开放的姿态利用全球资源，更深层地解决基础研究与产业脱节问题，走出一条科技强国建设的"新路子"。

第三，同心断金，聚焦关键核心技术攻关，着力突破"卡脖子"技术。当前，我国高端产业链中还有诸多"卡脖子"技术有待突破，为避免在市场化竞争中"一卡就死"的现象出现，我们应加大力度，以重大科技问题为导向，攻克转化一批产业前沿和共性关键技术，加快构建并形成自主可控的技术体系，强化产业创新能力建设，保障产业链的安全和稳定性。一是发挥社会主义集中力量办大事的体制优势，通过政府引导，超前布局，加大投入力度，以企业为主体集中力量、协同攻关。强化企业在技术创新中的主体地位，促进各类创新要素向企业集聚，尤其是大型央企在自主创新中的作用。二是在若干重点领域加快建设一批国家技术创新中心，完善产学研协同创新机制，加快突破涉及国家长远发展和产业安全的关键技术瓶颈，推动若干重点产业进入全球价值链中高端。三是大力推动创新驱动战略性新兴产业加快发展。牢牢掌握创新主动权和发展主动权，加快形成能够在国际产业链体系中拥有制衡能力的优势产业，在一批产业领域形成具备引领能力的产业标准与认证体系。四是为我国战略性新兴产业发展营造适合当前产业发展阶段的发展环境，通过形成良好生态，进一步激发创新、鼓励创新，实现产业的健康快速发展。

第四，采光剖璞，重视创新人才发展，打造更具韧性的创新人才体系。目前我国创新人才的政策和开发工作才刚刚起步，面临着在全球范围内提升创新人才开发和配置能力的问题。面对我国社会主要矛盾变化带来的新特征，持续不断地学习、创新、适应和做出改变来塑造可持续发展的状态以应对错综复杂的国际环境带来的新矛盾、新挑战十分必要和重要，因此，在创新人才体系的构建上，不仅要有"科学规范、开放包容、运行高效"的顶层制度设计，而且还要具备"韧性治理"的能力建设。重视创新人才发展，打造更具韧性的人才生态系统，一是要创新引才方式，充分发挥人才市场机制，由用人主体立足自身需求主动引进海外高端人才，鼓励吸引刚退休的顶尖科学家和领军性产业创新人才来华；二是加强高端科技创新人才队伍建设，突出"高精尖缺"导向，着力选拔和培养战略科技人才、科技领军人才、高水平创新团队；三是要开辟青年人才特殊支持渠道，支持和培养具有发展潜力的中青年科技创新领军人才；四是要依法保护企业家的创新收益和财产权，培养造就一大批具有全球战略眼光、创新能力和社会责任感的企业家人才队伍；五是要营造有利于创新的环境和文化，鼓励科学家自由畅想、大胆假设、认真求证，支持青年创新人才奇思妙想的创造，造就一支富有创新精神、敢于承担风险的创新创业人才队伍。

第五，百鸟齐鸣，营造良好创新生态环境，全力支撑战略性新兴产业发展。营造良好的创新生态环境是推进国家治理体系和治理能力现代化的基础性、系统性、长期性任务，也是支撑创新型国家建设的基础条件。营造良好的创新生态环境，一是要创建有利于产业发展的良好生态环境。进一步深化创新体制改革，破除有碍创新的各类障碍，加快突破长期困扰产业发展的体制瓶颈，积极推行敏捷治理、参与式治理，形成包容审慎的适应性监管体系。二是为创新做好资源引导和布局。注重两个方面的资源投入，一方面是要在基础研究等市场失灵领域进一步加大政府投入，争取形成颠覆性突破；另一方面进一步加大力度推进创新相关的减税降费工作，利用金融等市场化手段引导社会资源向创新领域集聚，为创新提供充足支撑。三是坚持"引进来"与"走出去"并重。促使我国战略性新兴产业积极融入全球创新体系，建立与国际规则接轨的创新政策体系，扫除创新要素流动的制度障碍，通过更新并完善工作居留等制度，为企业引入全球创新资源，尤其是为引入国际人才创造便利条件。积极提出并践行中国解决方案，为我国战略性新兴产业发展谋求更为有利的国际发展环境。

第六，和衷共济，强化链接全球创新体系，高效推进对外开放合作。当前，面对严峻的国际科技"被脱钩""硬脱钩"等调整，我们要始终保持战略定力。围绕国家中长期科技发展规划，通过强化链接全球创新体系，高效推进对外开放合作，构建富有韧性的科技创新体系。一是鼓励国内创新主体积极参与相关国际标准制定。鼓励支持企业、高校、科研院所等创新主体积极参与战略性新兴产业及其细分领域国际标准的制定，充分发挥企业在参与国际标准化活动中的作用，强化国际市场话语权和新兴产业发展引导力。广泛开展国际标准跟踪研究，加强国际和国内标准制定修订工作的衔接及国际与国内标准的协调。二是重点推动自主知识产权国际布局。大力发展重点产业知识产权联盟，鼓励研发具有自主知识产权的技术和装备，鼓励布局和申报 PCT 国际专利。建立关键技术评估遴选机制，确保高价值专利在海外充分布局。积极探索完善与国内产业和行业协会的信息沟通交流机制，利用多种信息渠道，及时掌握"走出去"过程中遇到的知识产权问题，鼓励知识产权联盟成立联合专利诉讼应对基金。三是大力发展国际化服务机构。通过政府补贴服务费用等相关举措，发展一批具有国际视野和水准的高端中介服务机构，推动国际化的金融、人力、知识产权、会计、管理和咨询等服务发展，为战略性新兴产业企业"走出去"提供高质量服务。

# 影响中国企业创新发展因素的比较分析

沈国兵

复旦大学世界经济研究所副所长，

复旦大学经济学院教授、博士生导师

经过改革开放 40 多年的发展，中国企业已全面参与国际分工，深度融入全球生产网络和世界贸易体系之中。但是，也存在外贸产品增加值和利润率偏低、创新发展动力不足等问题。党的十九大报告提出"加快建设创新型国家""强化知识产权创造、保护、运用"。在此背景下，本课题组设计了相关问题的调查问卷。

此次调查问卷共设计 87 道简答、单选和多选题目，历时 1 年多时间，问卷对象为长江三角洲地区的上海市、江苏省苏州市两地以及珠江三角洲地区的深圳市的企业。本文对 615 份有效调查问卷进行统计分析，得出一些有益的调查发现。从问卷企业的基本情况来看，民营企业和外商独资企业占比最高，分别为 40.7% 和 34.1%；而中外合资企业占比较低，仅为 9.8%。在调查中，成立最早的是上海 A 企业，成立于 1990 年，从事外贸业务；规模最大的为苏州 B 企业，员工规模达 15000 人；在企业创新发展方面，研发投入最高的是苏州 C 企业，其研发投入占企业全部投入的 90%。这次调查问卷的企业涉及各个行业，既有技术和资本密集型行业，也有劳动、资源密集型行业。问卷企业所在的行业排序为：机械设备制造业（21.1%）、电子器件行业（20.3%）、纺织行业（14.6%）、金属制品业（11.4%）、通信设备行业（9.8%）等。

## ▶ 全球生产网络与知识产权保护下影响中国企业创新发展因素的横向比较分析

全球生产网络下中国企业选择海外布局、吸收技术溢出的影响因素。加入世界贸易组织后，中国企业越来越多地参与到全球生产网络之中。问卷中 83.6% 的企业既从事外销也从事内销，36.9% 的企业进出口兼营，45.1% 的企业以出口为主，而以进口为主的企业只占 13.9%。在参与全球生产网络的过程中，中国企业不仅局限于国内市场，越来越多的企业从依靠模仿向自主创新转变，进而走向海外市场。问卷中 33.3% 的企业已在海外设置了分支机构，包括通过兼并收购建立独资子公司（42.1%）、合资企业（39.5%），设立办事处（36.8%），通过绿地投资设立独资子公司（18.4%）等。统计表明，78.9% 的中国企业把市场导向作为首要因素，分别有 5.3% 的中国企业把靠近技术前沿吸收技术溢出、获取廉价劳动力作为首要因素。不考虑排序，市场导向、靠近技术前沿吸收技术溢出、获取廉价劳动力、政府鼓励"走出去"

政策，是中国企业选择在海外布局的主要因素。据此可以看出，中国企业在选择海外市场布局时，首要看重的是所在国市场的需求因素（市场导向型），其次才是靠近技术前沿吸收技术溢出。问卷中有66.7%的企业没有在海外设立分支机构。对这些企业来说，缺乏资金（36.5%）、对海外市场缺乏认识（36.5%）、缺乏管理团队（36.5%）等问题是其设立海外分支机构时面临的主要困难。

全球生产网络下中国企业知识产权保护与创新发展现状。第一，从整体来看，超过90%的企业认为，中国近些年来知识产权保护强度呈逐年增强的态势；绝大多数企业（96.6%）认为，随着知识产权保护的加强，中国企业会更倾向于加大创新研发投入。第二，从企业创新研发角度来看，影响中国企业创新发展决策的主要因素有：行业竞争强度（79.5%）、科研人才储备（46.2%）、企业风险承受能力（41.0%）、消费者需求变化（38.5%）等。28.2%的企业认为，行业知识产权保护制度将影响企业的创新发展决策，这说明知识产权保护强度虽不是企业创新发展决策的最主要影响因素，但已是非常重要的影响因素之一。第三，从企业申请和维护知识产权保护角度来看，74.6%的企业申请知识产权保护是为了抢占或拓展市场，60.5%的企业是为了防止本企业的技术被模仿盗用，57.9%的企业是为了制定自己的产品标准。总的来说，中国企业申请知识产权保护的主要目的是保护自身的技术，进而抢占市场，以获取技术创新带来的收益。

在衡量一国知识产权保护水平时，还应考虑企业知识产权被侵犯之后是否有合理渠道进行维权。在问卷中，当发生知识产权争端时，73.7%的企业首选知识产权行政部门协调处理，58.8%的企业选择到法院起诉，46.5%的企业选择自行协商解决。可以看到，中国企业的维权意识较高。在处理知识产权纠纷时，企业首要考虑的因素是维权结果能否得到有效执行（40.9%），其次是维权费用（23.5%）以及时间成本（20.9%）。相比短期的知识产权维权成本，维权结果能否得到有效执行关乎企业的关键技术能否得到有效保护，从而影响企业的长期利益。由此，中国企业在对知识产权保护的过程中十分关注有法不依、执法不严等问题。

近年来，中国不断加强保护外商在华合法权益，强化知识产权保护，努力营造良好的营商环境。2018年11月5日，国家主席在首届中国国际进口博览会开幕式的主旨演讲中指出，"中国将保护外资企业合法权益，坚决依法惩处侵犯外商合法权益特别是侵犯知识产权的行为，提高知识产权审查质量和审查效率，引入惩罚性赔偿制度，显著提高违法成本"。而且，中国打造贸易自由化、投资便利化、激发企业创新发展的一流营商环境的努力已得到国际组织的认可。根据世界银行发布的《2019年营商环境报告》，中国营商环境较去年大幅提升30多位，位列第46位。

全球生产网络与知识产权保护下中国企业创新发展境况。中国作为贸易大国，在发展对外贸易时，不仅应注重贸易体量，更应注重贸易质量。问卷中53.3%的企业认为产品质量是企业核心出口竞争力的关键要素；30.6%的企业认为产品质量对中国企业出口具有决定作用；同时不管是创新型技术（46.7%）还是改善型技术（40.8%），都是企业核心出口竞争力的重要因素；25.0%的企业认为技术水平对企业出口具有决定作用；相反，很少的企业（16.7%）认为低廉价格是企业核心出口竞争力的组成要素。这说明，中国企业更加注重创新、重视企业技术和产品质量，而不再是过往依靠低成本带来的低廉价格来进行竞争。进一步调查企业技术的主要来源，发现67.8%的企业是通过创新、自主开发来获取技术的，而通过海外母公司购买和联合开发获取技术的企业分别占比32.2%和29.8%。这在一定程度上说明了国内企业自主创新能力的提高。

全球生产网络与知识产权保护下提升中国企业创新发展的举措。调查发现，大多数企业（91.7%）认为，加强知识产权保护有利于提升中国企业创新发展能力和外贸竞争力。64.2%的企业认为，在全球生产网络下，知识产权保护水平更需要与其经济发展水平相匹配，唯有如此，才能既有效地模仿先进企业，又有效地保护企业自主创新。在全球生产网络下，虽然我国进出口企业面临技术升级压力、劳动力成本上升等一系列问题，但是，调查中只有一小部分企业选择转移生产线至其他国家或原出口目的地，大多数企业选择不转移或暂时没有转移计划。这主要是因为，一方面，相对欧美国家而言，中国目前劳动力成本仍较低，国内企业没有必要转移；另一方面，中国企业对海外市场不太熟悉，贸然转移到其他国家可能会给企业带来较大的不确定风险。

为了提升中国企业创新发展能力和外贸竞争力，需要政府、金融机构、行业协会和企业多方合力，营造良好的营商制度环境。为此，本课题组对中国企业的期待进行了调研。在创新发展方面，问卷中85.8%的企业对政府的主要期待是税收减免，74.2%的企业选择财政补贴；70.6%的企业对金融机构的主要期待是简化贷款程序，68.9%的企业选择降低企业贷款门槛，这反映了问卷调研企业大部分存在融资难的问题；79.0%的企业对行业协会的主要期待是分享行业内优质企业经验，74.8%的企业选择提供行业动态信息。

在对外贸易方面，81.0%的企业对政府的主要期待是提高贸易便利化水平，70.2%的企业选择加大出口奖励；问卷中70.5%的企业对金融机构的主要期待是便利的外汇结算，67.2%的企业选择提供进口信贷和担保服务；

75.2%的企业对行业协会的期待是提供行业贸易数据，61.2%的企业希望进行行业贸易法律法规知识培训，59.5%的企业希望行业协会能够提供汇率风险管理的相关培训。这说明人民币汇率大幅波动给中国企业提升对外贸易竞争力带来了一定的不利影响。

## ▶ 全球生产网络与知识产权保护下影响中国企业创新发展因素的纵向比较分析

加入世界贸易组织后，伴随着外资企业的不断涌入，中国深深地融入全球生产网络之中，对知识产权的保护不断加强。为此，有必要对全球生产网络与知识产权下影响中国企业创新发展的因素进行纵向比较分析。

不同时间段成立的企业在创新研发投入上的比较。传统理论认为，适度的知识产权保护能够促进企业创新，但是过高的知识产权保护反而会阻碍企业持续地创新。20世纪90年代以来，中国知识产权保护水平不断提高，在这期间，企业自身创新研发投入是否相应地提高，即创新研发投入占企业总投入的比重是否相应地提高？统计发现，随着时间的推移，参与问卷调查的企业创新研发投入占比呈不断上升的趋势，这与预期的情况大致相同。但是，仍有很多新成立企业的创新研发投入较低，这是由于行业之间存在异质性。不同行业的企业用于创新的研发投入存在差异，技术密集型企业用于创新的研发投入明显高于劳动密集型企业。

不同贸易方式下企业创新研发投入及外贸核心竞争力比较。问卷中68.6%的企业从事一般贸易，剩下31.4%的企业从事加工贸易。对比两种不同贸易方式下企业创新研发投入占比我们发现，加工贸易企业用于创新的研发投入占比显著地低于一般贸易企业用于创新的研发投入占比。这与预期一致，因为中国加工贸易企业主要是跨国公司利用中国低廉的劳动力成本优势进行加工生产，进出口"两头"在外，创新研发动力较低。

有意思的是，加工贸易企业核心竞争力中的技术和产品质量占比要比一般贸易企业的占比更高。这说明，加工贸易企业虽然用于创新的研发投入较低，但反而更加注重技术和产品质量。技术和产品质量是决定中国企业外贸竞争力的最主要因素。因此，就现阶段来说，继续发展加工贸易，对全球生产网络与知识产权保护下中国企业进行技术和经验积累、创造就业、提升企业创新发展能力和外贸竞争力都是十分重要的。

## 主要结论及政策建议

基于问卷企业的反馈意见，通过对问卷的统计分析，我们提炼出以下主要结论。第一，影响中国企业创新研发决策的主要因素是行业竞争强度、科研人才储备、企业风险承受能力、消费者需求变化以及行业知识产权保护制度等，知识产权保护强度已成为影响企业创新发展决策的重要因素之一。当问卷企业产生知识产权争端时，首选是知识产权行政部门协调处理，其次是法院起诉，最后是自行协商解决。知识产权维权结果能否得到有效执行是问卷企业考虑的最主要因素。第二，更多的中国企业更加注重创新、重视自身的产品质量和技术水平，而不再是过往依靠低成本带来的低廉价格进行竞争。全球生产网络下知识产权保护水平更需要与其经济发展水平匹配，唯有如此，才能既有效地获得上游企业的技术溢出，又有效地保护企业自主创新。第三，不同行业企业的创新研发投入存在差异，技术密集型企业的创新研发投入明显高于劳动密集型企业，加工贸易企业的创新研发投入占比明显低于一般贸易企业。鉴于在创造就业、发挥劳动力比较优势上的独特作用，现阶段我国需要继续发展加工贸易。

根据上述统计分析结论，提出以下政策建议。第一，鉴于知识产权维权结果能否得到有效执行是问卷企业考虑的主要因素，需要加大知识产权保护的执行力度，以此促进中国企业加大创新研发投入，走上依靠创新发展的路径。不过，知识产权保护水平更需要与其经济发展水平匹配。鉴于加工贸易企业的核心竞争力中技术和产品质量占比更高，需要继续发挥加工贸易在创造就业、发挥我国劳动力比较优势等方面的重要作用。第二，鉴于问卷企业对政府、金融机构、行业协会的不同期待诉求，需要政府在减税政策，金融机构在优化企业贷款流程，行业协会在行业贸易法规和管理培训等方面为企业的研发创新、对外贸易发展提供更便利的条件，创造更好的营商制度环境。

# 守正创新的内在关系与文化溯源

李 晓

中国政法大学商学院教授、博士生导师

2018年全国宣传思想工作会议召开以来,习近平总书记在多次重要讲话中强调"守正创新"。党的十九届五中全会要求,"十四五"时期经济社会发展必须遵循的原则之一是"坚持守正和创新相统一"。

## ▶ 守正创新揭示了变与不变的辩证关系

守正,语出《史记·礼书》:"循法守正者见侮於世,奢溢僭差者谓之显荣。"遵循法度坚守正道者遭世人欺侮,奢侈铺张僭越悖礼者被奉为显贵尊荣。这是司马迁对周朝制度衰微之后礼崩乐坏、黑白颠倒新景象的哀叹。汉语中由此出现了守正不挠、守正不回、守正不阿等成语。

历史车轮滚滚向前，守正意蕴与时俱进。在新时代，我们所说的守正创新，就是在积极应变、主动求变的创新中，坚持正确的方向，站稳正确的立场，恪守正确的原则。所谓有方向，就是坚持社会主义的方向；所谓有立场，就是站牢一切以人民利益为中心的立场；所谓有原则，就是恪守"四项基本原则"。习近平总书记在庆祝改革开放40周年大会上指出："牢牢把握改革开放的前进方向。改什么、怎么改必须以是否符合完善和发展中国特色社会主义制度、推进国家治理体系和治理能力现代化的总目标为根本尺度，该改的、能改的我们坚决改，不该改的、不能改的坚决不改。"其中关于改与不改的明确阐述，为我们理解守正与创新的辩证统一关系提供了范本、确立了圭臬。

万物并作，变化有则。事物不断发展，世界充满变化，技术变革一日千里，但是无常有常历历分明。《道德经》云："知常曰明。不知常，妄作凶。""常"者，不变也。只要事物的本质不变，其发展演变规律也是永恒常在的。对富有智慧者而言，必须深刻认识这些不变的东西，按照事物本质要求应变，遵循事物发展规律创新。否则，胡变、乱变、盲目变，就属于"妄作"，结果是变出灾难、酿成祸患。

守正创新的重大命题深刻揭示了变与不变的辩证关系。守正属于该不该的价值向度，是本体、根本依托、前提条件、保障机制；创新属于怎么做的技术向度，是功用、前进动力、竞争能力、生命活力。守正与创新表里互依、辩证统一。单讲守正而不求创新，守正就会陷于故步自封的抱残守缺；只重创新而罔顾守正，创新难免滑向毫无底线的恣意妄为。坚持守正，创新才能保证正确方向、拥有光明未来；不断创新，守正才能获得强大动力、焕发旺盛生机。创新与守正并不矛盾，而是一个事物的整体，因为任何创新本质上都属于人有意识的活动。马克思在《资本论》中指出："最蹩脚的建筑师从一开始就比最灵巧的蜜蜂高明的地方，是他在用蜂蜡建筑蜂房以前，已经在自己的头脑中把它建成了。"从技术向度看，创新取决于灵感和勤奋，具有不确定性，其结果难以事先确知。从价值向度看，创新取决于激情、梦想、雄心和愿景，离不开创新者固有的价值观、人生观、事业观。

## ▶ 创新的二重性特征决定了创新必须守正

创新是个中性词。在当下中国的习惯语境中，"创新"似乎是一个颇有正能量的褒义词。但严格说来，关于"创新"，不同学科有不同界定，概念上并不统一。在语言学和经济学等领域，创新基本属于一个中性词，并无特别明显的褒义。例如，《现代汉语词典（第7版）》解释创新有两层含义，一是抛开旧的，创造新的；二是指创造性，新意。英语"innovate"（创新）最早出现于16世纪中期，来自拉丁文的"innovatus"（创新）一词，意为"重建、改变"。

马克思认为创新具有二重性特征。马克思关于创新的思想并不局限于经济领域，而是涵盖人类社会的方方面面及演变历史，更重要的是马克思对创新活动做了客观辩证的分析。笔者认为，一方面，马克思高度评价资本主义通过创新取得的巨大进步。《共产党宣言》指出，"资产阶级在它的不到一百年的阶级统治中所创造的生产力，比过去一切世代创造的全部生产力还要多，还要大……资产阶级除非对生产工具，进而对生产关系以及全部社会关系不断革命，否则就无法生存下去……生产的不断变革、一切社会状况的不停动荡，这是资本主义时代不同于以往时代之处"。另一方面，与后来的熊彼特等人的根本区别在于，马克思理性而深刻地剖析了资本主义制度下的创新所产生的严重负面问题。"机器的日益迅速的和持续不断的改良，使工人的整个生活地位越来越没有保障。"创新的收益越来越集中到资本家手中，收入分配差距愈益扩大，生产过剩和广大劳动大众有效需求不足的矛盾不断激化，经济危机周期性爆发。1856年马克思在《人民报》创刊纪念会上发表演说进一步雄辩地指出："我们看到，机器具有减少人类劳动和使劳动更有成效的神奇力量，然而却引起了饥饿和过度的疲劳。"财富的新源泉，在资本的魔力下变成了贫困之源。技术的胜利往往伴随着道德的败坏。

技术新旧无善恶，创新应用有是非。马克思批判的并非创新本身，而是资本逻辑对创新的裹挟。创新带来的生产力巨大发展本来应该造福人类，有助于人类的自由解放和全面发展，但创新被资本捆绑在追逐利润的战车上，其结果反而与创新的真正价值背道而驰。每一次革命性的技术进步，都程度不同地导致人被物质的异化。单纯从资本所有者的利益出发、完全以资本增值为导向、一味服从资本的逻辑，其实质是有创新而无守正。马克思的创新思想把人的自由全面发展作为创新活动的终极目标，以是否满足劳动大众的利益为标准评价创新，以兼顾社会发展与个人发展、效率与公平的统一规定创新，构建了科学社会主义的创新理论体系。

守正创新是中国共产党根本宗旨和社会主义制度根本使命的内在要求。带领广大人民群众创造幸福美好生活，是我们党建设社会主义、搞改革、谋发展矢志不渝的奋斗目标。公平正义是中国特色社会主义的内在要求，"共同富裕是中国特色社会主义的根本原则，所以必须使发展成果更多、更公平惠及全体人民，朝着共同富裕方向稳步前进"。习近平总书记在《关于坚持和发展中国特色社会主义的几个问题》中深刻指出：解放和发展社会生产力，建设社会主义市场经济、社会主义民主政治、社会主义先进文化、社会主义和谐社会、社会主义生态文明，促进人的全面发展，逐步实现全体人民共同富裕……这些都是在新的历史条件下体现科学社会主义基本原则的内容，如果丢掉了这些，那就不成其为社会主义了。党的十八届五中全会创造性地提出坚持"以人民为中心的发展思想"，把增进人民福祉、促进人的全面发展、朝着共同富裕方向稳步前进作为经济发展的出发点和落脚点。要求我们坚持人民主体地位，顺应人民群众对美好生活的向往，不断实现好、维护好、发展好最广大人民根本利益，做到发展为了人民、发展依靠人民、发展成果由人民共享。这进一步明确了创新的方向、立场和原则。

## 中华优秀传统文化包含守正创新思想

在中华民族源远流长的历史上，我们的优秀传统文化也早就认识到了创新必须守正的道理。中华民族从来都主张适时而变，反对墨守成规。我们耳熟能详的"苟日新，日日新，又日新""日新之谓盛德，生生之谓易""明者因时而变，知者随事而制"等，无不张扬着勇于创新、积极求变的民族精神。但如果说创新者智、求变者勇，那么我们的民族文化同时又主张智而有则、新而合宜、勇而有节、变而适度，绝非无原则地一味求新、无条件地盲目改变。例如，道家对智者的界定是"知可否，知也"（《庄子·胠箧》）；儒家用仁规范智与勇，如"知、仁、勇三者，天下之达德也"（《中庸》）；兵家用信、仁制约智、勇、严，如"将者，智、信、仁、勇、严也"（《孙子兵法·计篇》）；卓越企业家必须具备的素养是"智足与权变、勇足以决断、仁能以取予、强能有所守"①。这里的"强",即强大;"有所守"者不是别的,规矩、法度也。诸子百家何以主张给创新的智者、探索的勇者施加限制?《荀子·儒效篇》道破了奥秘:"人无师无法而知,则必为盗;勇,则必为贼。"如果没有老师的道德教化、无视法度规矩,有了智慧,却可能变成强盗;勇敢了,却可能沦为贼寇。缺乏"仁"的道德修养、"信"的契约精神、"守"的规则约束,"智""勇"就可能变成狡猾奸诈和胡作非为。"举而措之天下之民谓之事业"(《周易·系辞上》),只有对广大人民群众有益的,才称得上事业,才是有价值有意义的创新。正是因为有了"仁"的友爱、"信"的践诺、"守"的自律,中华民族才得以一直生生不息、绵延不绝地走在人类文明的坦途正道上。

在新一轮科技革命背景下,守正创新是对一系列重大现实关切的回应。以信息技术、人工智能、生命科学、新材料、新能源等为代表的新一轮科技革命,呈现出智能化、虚拟化、分散化、高速化等新特征,在多数时候发挥积极作用、极大提高生产力水平、改变生产方式和生活方式乃至世界面貌的同时,也衍生出了许多新弊端,深化了社会矛盾,增添了人类困扰。创新目的的错位性:为资本增值服务,以钱为本而不是以人为本;创新行为的失序性:利用技术迭代迅速、监管规制滞后,无序扩张,野蛮生长;创新收益的失衡性:从世界范围来看,财富占有的马太效应呈加速态势,愈益向少数资本所有者和技术精英集中。还有老百姓深恶痛疾的隐私泄露、数据造假、算法宰熟、过度消费、网游丧志;一些本该便于人们沟通的创新,反而疏淡了人间温情;不少黑暗肮脏的货色,凭借新技术手段而魔力剧增;等等。这些问题的严重程度都超过了人类历史上的所有时代,对人类的伦理道德和治理能力提出了严峻考验。让创新更

---

① 原文为《史记·货殖列传》中的"是故其智不足与权变,勇不足以决断,仁不能以取予,强不能有所守,虽欲学吾术,终告之矣"。——编者注

好地服务于人类全面自由发展,是摆在全人类面前重大而又紧迫的课题。

面对新一轮科技革命带来的这些挑战,受马克思创新思想启发,现代西方创新理论也意识到了创新是一把双刃剑。例如美国经济学家威廉·鲍莫尔把创新区分为"生产型创新"和"分配型创新"两种类型,这两种创新活动都具有创造性,但结果迥异。前者具有建设性,能够创造价值,把社会财富蛋糕做大,是经济发展的动力;后者具有破坏性,只是通过寻租、行贿、利用制度漏洞乃至违法等行径,在已有的社会财富存量蛋糕上多切一块,没有创造任何价值,是经济发展的阻力。创新力究竟配置到生产型创新领域还是分配型创新领域,是由一个经济体的制度体系构成的"报酬结构"或曰激励机制决定的。显然,解决新一轮科技革命伴生的上述问题,单靠科技创新本身是远远不够的。现代西方创新理论虽然揭示了创新力配置的机理,却没有阐明如何引导创新力向生产型创新配置的路径原则和实施政策。况且新古典经济学基于科学主义的理念,囿于实证分析旨趣,亦难以在应然向度的规范分析方面有所作为。因此,守正创新,通过构建行之有效的制度体系,激励生产型创新,抑制分配型创新,比现代创新理论更富有伦理性和实践性。

**参考文献**

[1] 中央文献研究室. 十八大以来重要文献选编(上)[M]. 北京:中央文献出版社,2014.

[2] 卡尔·马克思,弗里德里希·恩格斯. 马克思恩格斯文集(第一卷)[M]. 中共中央马克思恩格斯列宁斯大林著作编译局,编译. 北京:人民出版社,2009.

[3] 约瑟夫·熊彼特. 经济发展理论[M]. 何畏,易家详,张军扩,译. 北京:商务印书馆,1990.

# 新时代需要何种互联网创新思维

张建云

中国社会科学院马克思主义研究院马克思主义基本原理研究室主任、研究员

创新是从根本上打开增长之锁的钥匙。当今时代,以大数据、互联网、云计算、区块链和人工智能等工具体系为代表的生产力迅猛发展,决定了社会生产方式和生活方式会发生根本性变革。这是一个大变革时代,全面创新成为核心主题。习近平总书记在谈到科学思维方法时,特别强调"创新思维"的重要性,要求必须"把创新摆在国家发展全局的核心位置"。高度重视创新思维,是互联网时代生产力发展的客观要求。

## 第二章 突破困境，创造新天地

▶ **全面创新已经成为互联网时代的重要主题，不识变、不应变、不求变，就可能陷入战略被动**

历史唯物主义强调，生产力是人类社会发展的最终决定力量，科学技术是第一生产力，而生产工具则是生产力发展的标尺，是区分不同社会经济时代的客观依据。马克思指出："手推磨产生的是封建主的社会，蒸汽磨产生的是工业资本家的社会……17世纪和18世纪从事制造蒸汽机的人们也没有料到，他们所制作的工具，比其他任何东西都更能使全世界的社会状态发生革命。"因此，考察一个社会的性质和发展状况，最根本的就是要考察这个社会的科学技术水平、工具体系状况。

2015年5月24日，习近平主席在致国际教育信息化大会的贺信中指出："当今世界，科技进步日新月异，互联网、云计算、大数据等现代信息技术深刻改变着人类的思维、生产、生活、学习方式，深刻展示了世界发展的前景。"当今时代，互联网科技体系给人类社会带来广泛而深刻的变革，大数据、互联网、云计算、区块链以及人工智能等工具体系带来的生产力革命，从根本上改变了传统工业社会的生产方式和生活方式，使人类超越了"电气时代"，进入了全新的"互联网时代"。

新时代要求人们按照新生产力发展的需要，创新思维方式和方法，创新生产的实现方式，创新劳动的组织方式和社会管理方式，推动社会进步。人类社会发展的前景就是互联网时代生产力发展所指示的前景。它表明：全面创新已经成为互联网时代的重要主题。

正是基于互联网时代生产力发展的背景和内在要求，习近平总书记一再强调树立创新思维的重要性。2015年全国两会期间，习近平总书记在参加上海代表团审议时强调,"创新是引领发展的第一动力""抓创新就是抓发展,谋创新就是谋未来"。2015 年 5 月,习近平总书记在华东七省市党委主要负责同志座谈会上指出:"综合国力竞争说到底是创新的竞争。"在 2015 年 10 月召开的党的十八届五中全会上,习近平总书记强调,坚持创新发展理念,必须"把创新摆在国家发展全局的核心位置……让创新贯穿党和国家一切工作,让创新在全社会蔚然成风"。

信息化、互联网技术体系的发展不是生产力在传统技术体系基础上的量变,而是根本不同于以往的新质发展;互联网经济是继自然经济、工业经济之后的一种新的社会经济发展形态。立足于历史唯物主义视野,习近平总书记把生产力发展的新一轮创新要求与实现中华民族伟大复兴相联系,指出"即将出现的新一轮科技革命和产业变革与我国加快转变经济发展方式形成历史性交汇,为我们实施创新驱动发展战略提供了难得的重大机遇"。信息化为中华民族的发展带来了千载难逢的机遇,唯有锐意进取、开拓创新,才能抓住这个历史机遇。在这种背景下,不创新不行,创新慢了也不行,"如果我们不识变、不应变、不求变,就可能陷入战略被动,错失发展机遇,甚至错过整整一个时代"。

## ▶ 使今天的一切都"连上网",既智慧又艺术地将互联网技术应用到各领域、各环节

当前,互联网技术体系提出的最为重要的创新要求就是技术应用创新,也就是把大数据、互联网、云计算、区块链及人工智能等科技成果应用到具体的生产、生活之中。正如过去一切都"通上电"一样,使今天的一切都

"连上网",是当今时代的发展要求。2016年4月,习近平总书记在网络安全和信息化工作座谈会上指出:"着力推动互联网和实体经济深度融合发展,以信息流带动技术流、资金流、人才流、物资流,促进资源配置优化,促进全要素生产率提升,为推动创新发展、转变经济发展方式、调整经济结构发挥积极作用。"理论创新转化为实践应用的过程,是一个更高级、更重要的创新过程,因为核心技术研发的最终结果"应是市场产品、技术实力、产业实力。核心技术脱离了它的产业链、价值链、生态系统,上下游不衔接,就可能白忙活一场"。也就是说,互联网科技理论只有落地,才能开花结果,获得实效。而这个理论对象化的过程,需要人们准确把握具体实践中的现实要求,发挥主体能动性和创造性,既智慧又艺术地应用互联网技术解决具体情况、具体问题,打通生产与消费全链条,实现全面创新。

互联网应用技术创新最重要的表现是生产劳动方式的升级换代,即农业、工业、服务业等的生产活动要以互联网为基础和平台。例如,农业生产方面,将移动互联网、物联网、云计算、大数据等技术手段应用到智能选种、土壤管理、灌溉、施肥等环节,用人工智能技术监测杂草和害虫、预测正确的收获时间等,用数字化AI技术、传感器等装备拖拉机、播种机、收割机等农用机械,提高智能识别语音命令和操作视觉感知能力,解放人力,提高生产力。又如,工业生产方面,用大数据、云计算及传感技术、智能控制等改造传统机械,使互联网技术渗透到研发设计、设备控制、生产制造、供应链管理、经营销售、系统维护等环节之中,强化生产各环节的融合性,提高生产效率。再如,服务业及社会生活方面,将互联网技术渗透到政府行政管理、公共服务以及教育、医疗、交通、传媒等各行各业中,设计各种App,实现线上办公,从根本上改变传统的管理方式、工作方式和服务方式。

我国自 2015 年起大力实施"互联网+"战略，推动互联网技术体系在传统行业中的应用和发展，"互联网+制造业""互联网+金融""互联网+农业""互联网+零售业"以及"互联网+社会治理"等遍地开花。近年来，"互联网+"战略与大众创业、万众创新协同推进，越来越多的市场主体参与到互联网创新中，互联网"独角兽"[①]数量不断增多，平均估值大幅领先于世界其他国家。"互联网+"促进了数据大连接，大数据驱动行业大融合，催生了众多新业态。互联网新业态、新创造正在强力改变生产和生活的细小环节，人类社会正迅速朝着期待的美好状态转变。

综上所言，首先，互联网应用技术创新是互联网时代全部创新的核心和关键，有助于实现互联网平台上经济运行模式的重构，有助于在技术、标准、政策等多个方面实现互联网与传统行业的融合；其次，互联网应用技术创新是最艰难的创新，它不仅需要创新意识和创新思维，还需要时代敏感性、前瞻性和艺术性；最后，互联网应用技术创新是最具有现实意义的创新，有助于实现社会生产和科技创新的根本目的——使人们从繁重的体力和脑力劳动中解放出来，让人们享受更丰富、更自由、更舒适、更完满的生活。

## ▶ 互联网时代激发了人的创新本能，颠覆式、大众化成为这一时代的突出特点

第一，颠覆式。互联网经济形态不是传统工业经济形态的延展和扩充，这就决定了互联网时代的创新是不同于传统工业社会的颠覆式创新，而不是

---

① 估值超过 10 亿美元的创业公司。

旧社会形态内的局部创新。这首先表现为互联网时代的生产方式发生了根本性变革：互联网实现了以消费为主导的生产与消费的一体化。在传统工业社会，生产与消费是两个领域，中间隔着层层中介，生产主导消费；并且，由于信息不能即时即地沟通，消费者的需求无法实现个性化满足。而在互联网时代，生产与消费两个领域通过互联网得以贯通，体现消费者愿望、理想和审美情趣等的个性化需求通过互联网汇聚、分类、呈现，生产者与消费者之间可以即时即地沟通、交流，社会生产构建起了以消费者为中心的生产体系，消费主导生产，生产直接为消费服务，基于互联网的计划生产正在变成现实。同时，在组织方式上，移动互联网的普及应用既能使人与人之间实现即时即地沟通、交流方便快捷，也能使人们之间的劳动协同方式得以更新，由过去金字塔式、指令性组织管理形式转变为扁平式、网络化、平等的自组织形式。人们的生活方式、学习方式、工作方式等发生了翻天覆地的变化。

生产方式的根本性变革决定了互联网时代的创新不是局部的、偶然的、零散的创新，而是系统的、深入社会生产和生活每一个细胞的全面创新；不是单一的实体世界内的创新，而是数字世界与实体世界融合的创新。正如大机器、电融入实体世界，把人类带入工业化资本主义时代一样，互联网融入实体世界，必将把人类带入信息化社会主义时代。

第二，大众化。互联网时代，创新主体发生了重大转变：创新不是只有科研专家、业内权威等才能做到，普通民众也可以做到。互联网时代的创新是大众创新，是人人创新。互联网为大众创新提供了可能和现实。创新的平民化、大众化是互联网时代知识、信息即时即地交流与普遍共享的结果。大数据、移动互联网、云计算及智能终端等实现了海量信息的快速生产、存储、分析和共享。数据的"在线化"使一切都被记录、分析，数据不断沉淀、积聚，形成了真正的大数据。人们可以通过互联网即时即地获取海量知识、共享海量信息，这从根本上打破了传统的信息垄断和知识专享。

互联网为大众创新提供了平台。互联网时代激发了人的创新本能，普通民众的创意有机会通过互联网平台得到表达和展示。从实践看，高水平的云技术作为公共服务，以足够低的价格和按需生产的方式，使越来越多的中小型创业企业获得大公司才拥有的计算资源。"创客空间"为普通民众提供了大型昂贵设备（数控机床、激光切割、3D打印、建模软件）及场地等，普通民众以较低的费用就可以获得专业人士具有的创造条件，创新不再局限于行业内部。

创新主体大众化、平民化，极大提升了创新效率，创新成本变低，创新点却无限多样。积极促进创新大众化，有助于整个国家迸发出巨大活力。习近平总书记在党的十八届五中全会上指出，要"充分尊重群众的首创精神，着眼于解放和发展生产力，放手支持群众大胆实践，大胆探索，大胆创新"，这是社会主义事业兴旺发达的关键。

# "能者困境"的深层原因与破解之道

吕晓俊

上海交通大学国际与公共事务学院教授、博士生导师

古语有云：设官分职，选贤任能，得其人则有益于国家。一些能力突出、做事高效的员工经常被赋予更多期望。然而，"能者多劳"对个人与单位造成了多重影响：由于"能者"资源、禀赋不凡，对单位贡献显著，成为单位依赖的绩效保障；随着工作负荷加重，"能者"逐渐陷入长期疲劳甚至产生工作倦怠；"能者多劳"间接造成部分员工无事可劳。对单位而言，忙闲不均，整体工作士气畸轻畸重，单位长期绩效难以为继。上述种种现象可称为"能者困境"，亟待引起各方重视和深思。

"能者困境"的三重表现：多劳者易过劳、忙闲不均引发资质过剩、个人绩效突出但协同绩效堪忧。

第一，多劳者易过劳。人们通常认为"能者多劳"是指有能力的人承担的工作多，却忽视了多劳者伴随的劳累也多。在组织行为过程中，每个员工

都有自己的职位工作要求，不过对单位整体而言，职位以外的工作也至关重要。能者往往在完成本职工作之余，主动承担职位以外的工作，久而久之，"分外事"变成"分内事"。原本勤做事、多做事对职业发展多有益处，而工作负荷的日益增加也伴随着责任风险压力倍增。例如在某些政府部门中，有一部分人对文案工作不擅长、实际动手能力也欠缺，更是难以适应新技术平台，属于他们的工作最终需要同事帮助甚至代为完成。长此以往，部门工作渐渐集中在少数几个"能者"手里，而一旦出现工作纰漏，启动追责时，"能者"又难辞其咎，处境非常为难。另外，工作任务的增加势必挤占劳动者其他领域的活动时间，"能者"为了完成任务不得不延长工作时间，导致"5+2""白 + 黑"的工作方式成为常态。然而，"能者"不仅是劳动者，工作角色之外还需要履行赡养父母、养育后代的责任与义务。

第二，忙闲不均引发资质过剩。基于人岗匹配的原则，单位内的人员与岗位是相对应的，在既定时间段内，一人一岗，职数与单位任务之间具有严格的匹配关系。"能者多劳"意味着能者承担了超越自身岗位要求的工作量，甚至承包了他人的部分工作量。与"能者"相比，其他员工自然沦落为无事可劳的清闲人群。不论是主动还是被动地卸下工作任务，这部分清闲的人力资源使个人和单位都陷入了资质过剩的尴尬局面。对个体而言，资质过剩意味着"怀才无用"或"大材小用"；对单位而言，资质过剩意味着劳动力闲置及人力资本的浪费。资质过剩对个体和单位都会产生不同程度的消极影响。首先，资质过剩使员工难以从工作中获得胜任感和成就感，无法满足其基本心理需求，从而导致对工作以及职业满意度下降。其次，与忙忙碌碌的"能者"相比，清闲员工逐渐淡出单位核心人力资源队伍，游离于单位边缘，导致组织认同危机和归属危机。再次，由于缺乏机会锻炼能力，工作动力得不到激发，长此以往，清闲者落入不得不"靠边站"的境地。最后，资质过剩对单位而言也暗藏风险。与其他形式的资本相比，人力资本具有其独特性：人力资本的闲置仍然要消耗生活资料，而追加投资反而带来财富增值。简单来说，清闲者同样要享有工资福利待遇，占据人力成本支出，不对他们进行开发和激励，单位就会失去部分财富增值的机会。

第三，个人绩效突出但协同绩效堪忧。劳动分工提升了员工的专业化水平，能在更短的时间内达到工作要求、掌握工作技能，是劳动生产率的保证。随着经济社会的发展和新技术的革新，组织面临的生产任务和工作模式已与先前不可同日而语。尤其对公共部门而言，社会事务的庞杂和公共价值的权衡不仅要求任职者的专业精神，更需要各个职能部门、岗位之间的联动与协同。社会发展离不开基层社区治理组织、群众的支持，全覆盖缜密的网格化治理模式更是提升社会治理效能的重要保证。而如果只依赖"能者"，推崇"能者多劳"，不仅有可能耗尽能者之心力，更有可能将全局置于风险中。由于社会治理的规模性和复杂性，组织的工作模式已转向构建协同机制、提升整体韧性的方向。在此背景下，停留于"能者多劳"的传统模式未免滞后于时代发展，不能满足时代所需。

## ▶ 陷入"能者困境"的深层原因

**工作要求与资源分配之间的错配。**"工作要求 – 资源"模型认为：组织中的工作要求表现为单位中的工作负荷、人际冲突和工作的不安全特征等，为了完成任务要求，员工往往要消耗各种身心资源。与之对应的是组织环境中的工作资源，例如工作反馈、流程协作和社会支持等，这些资源帮助员工实现目标，缓解应对要求产生的资源耗竭的问题，并促使员工成长与发展。工作要求通常被认为是去激励机制，而工作资源则具备正向激励功能。如前文所述，"能者多劳"可能引发能者多劳累的结果，完成工作任务需要投入相应的体力、脑力及情绪资源，高负荷工作给"能者"带来的是一个资源高消耗的状态。工作要求越高，其身心越疲惫，行为投入越无法持续，工作要求和工作投入之间呈现负相关。"工作要求-资源"模型指出：工作资源的供给不仅能直接促进工作投入，并且能有效缓减工作要求对行为投入的消极影响。也就是说，"能者多劳"要有相应的资源配置，补偿、减缓能者之劳累，这也是维持"能者多劳"的长效动力机制。如果领导只一味分配任务给"能者"，却没有赋予他们相应的权限；在"能者"冲锋陷阵时却没有提供后盾；在"能者"攻克难关时也没有相应的奖励，这无疑置"能者"于孤立无助之境地，他们的工作热情将难以持续下去。

**人力资源管理职能间的逻辑性割裂**。形成"能者多劳"实践的思维基础体现在两方面：一是在人员评价环节中，"能者"具有胜任岗位的核心竞争力。二是在绩效评价环节中，"能者"贡献了突出的绩效成果。因此，选拔"能者"，赋予其更多工作任务，似乎是高绩效的保证。然而，期望理论指出：人们在投入工作之前往往会进行三方面的评估，即个人付出了努力是否一定能完成任务？完成任务是否有回报（奖励）？回报（奖励）在自己心目中的效价多大？这三个问题的回答影响了人们的动力水平和工作投入的持久性。人们的行为动机和绩效表现取决于：人岗匹配程度、绩效结果与报酬体系的关联度以及报酬体系是否满足个体的主导需求。事实上，上述系列问题的评估意味着人力资源各职能环节间内在的逻辑性：人员安置、绩效管理以及薪资福利等职能环节并非各自独立，而是环环相扣，彼此衔接才能发挥人力资源激励效能。有些单位在劳动分工环节主张"能者多劳"，而在报酬分配中却以职位、职级为依据，在晋升资源分配中只按年资、看人情。这些规则和做法无疑割裂了人力资源管理职能间的逻辑性，无视员工动机唤起到行为投入之间的潜在规律和机制。

**公正与效率价值的相互挤出**。公正和效率是单位生产活动普遍追求的价值，"能者多劳"显然是追求效率的良策，"能者多劳"实践似乎是管理制度实现工具理性的捷径。然而，倚重"能者多劳"是否是公正与效率的双重体现？这是值得深思的议题。首先，"公正"价值意味着在组织中人适其职、人尽其才，人力资源得到极大开发的状态。个人能力、禀赋各异，合理配置人力资源，使每个员工获得施展能力的平台是对公正价值的有力践行。只劳"能者"之筋骨，却使其他人闲置的做法，无疑有悖于"追求自我实现，人人皆可成才"的公正价值。其次，所谓"效率"是投入与产出之比。从组织人事角度而言，效率表现为人力支出成本与绩效产出之比。鉴于人力资本形式的特殊性，闲置人员也要消耗单位资源，同时对于多劳者如果没有合理的休养生息政策，疲劳工作引发的健康和倦怠危机是典型的去激励因素，直接影响工作动机，造成绩效滑坡。因此，"能者多劳"实践有时也不是维护效率的良策。最后，单位的管理制度及相关的人员配置方式通常要与组织战略导向相适应，随着社会分工的不断深入，"能者"模式逐渐难以适应组织战略目标的实现。尤其是庞大的公共部门，面对的社会管理事务具有复杂性和多元性特征，迫切需要组织进行统筹研判、协调调度，实现一体化、全覆盖的工作模式。基于此背景，如果不充分开发人力资源队伍，积极调动每位任职者的工作潜能和动力，而只寄期望于"能者多劳"的话，宏大战略目标的实现难免会陷入捉襟见肘的困境。

## ▶ 突破"能者困境"的关键在于掌握绩效机制、善用权变模式、平衡工具 – 价值理性、强化敬业激励

**识别人力资源绩效机制的发生、发展规律**。激发、维持稳定和长期绩效与否，取决于我们是否洞察了绩效机制发生、发展规律。组织绩效建立在能力、动机和机遇三大要素的基础上，是三者有机结合的产物。"能者多劳"的前提假设是能力决定了绩效，即有能力的员工就能带来高绩效，这个观点对于了解绩效机制明显过于片面和狭隘。具备岗位胜任能力是实现绩效的充分条件，然而绩效却无法单靠能力实现。试想一个有能力的人却没有动机开展工作，或一个既有动机又有能力的人却无施展才华之地时，何谈绩效保障？因此，充分识别绩效机制是实现人尽其才的前提。首先，要识别公务员群体资质禀赋的多元性，正所谓"尺有所短，寸有所长"，"闻道有先后，术业有专攻"。从这个意义而言，人人具有成为"能者"的潜在可能，关键是如何激发其潜能。2019年起实施的新《中华人民共和国公务员法》（以下简称"新《公务员法》"）进一步优化了公务员的分类管理机制，公务员可以有三条职业发展路径：领导职务晋升、职级晋升和级别晋升。其中职级序列根据公务员的职位类别设立，基于现有的综合管理类、专业技术类和行政执法类的岗位特点开展公务员的职业管理。笔者在对华东某市地方新入职公务员的调研中发现：首先，公务员群体对能力培训的需求具有共通性，特别是沟通协调能力、心理调适能力、应对突发事件能力和综合分析能力，这些是

新入职公务员最迫切需要得到锻炼的能力。不过综合管理类公务员对创新能力、科学决策能力表现出较高的需求，与之相比，行政执法类公务员则对依法行政能力、文字表达能力有更为强烈的需求。这项调研证实了基层公务员对胜任岗位、勇担责任的意愿和诉求，通过分类管理在培训职能中的实现，基层公务员能实现人岗匹配，人职对应，充分锻造个人能力优势，避免因为能力不相称而面对碌碌无为的尴尬局面。分类管理制度是对人力资源禀赋多元化的有效回应，也是实现人尽其才的制度保证。其次，要识别公务员群体动机过程的能动性和自主性。人类的动机过程始于当下感知的主导需求，在付诸行动满足需求的过程中，人们会自觉地不断评估行动的合理性和有效性，并及时调整努力程度和方向。新《公务员法》指出要"监督与惩戒"并重，体现了严管和厚爱相结合的原则，既要加强对公务员群体的监督，又要激励公务员能够在新时代有担当作为的创新精神和勇气。最后，影响绩效的机遇因素具体表现为成员是否拥有与自身内在能力、动机特点相匹配的外部环境，如果员工所处的工作系统不合理或存在明显的缺陷，纵使能力不凡也容易陷入多方掣肘之困境。

**建立起资源配置的权变模式。** 在洞察和理解绩效机制发生、发展规律的基础上，单位应着手建立促进绩效的资源配置模式。首先，识别组织资源系统对产出的效能。工作场景中的资源可以分为物质、心理、社会或组织方面的资源。物质资源投入与绩效产出之间的关系易于理解，所谓"巧妇难为无米之炊"，生产资料配备不足，绩效结果无从保障。心理与社会资源通常指员工获得的领导支持、工作指导，或者是体谅和容错。"领导－成员交换"理论[①]指出，圈内员工往往比圈外员工绩效更好，其潜在的机制是领导

---

① 即领导与成员间形成差异化的交换关系，从而导致彼此的信任和产出绩效水平不同。

对圈内员工投入了更多信任、支持和体谅等心理资源,增强了这部分员工的能力、信心和开拓的勇气,进而提升了绩效,说明"能者"绩效在一定程度上也得益于领导的信任和帮助。其次,从能力/动机双重维度精准研判员工群体特征,并配置相适应的激励资源。员工在"低动机-弱能力"状态下,领导者多用监督、指导的方式推动工作;在"低动机-强能力"状态下,则采用鼓励、引导的方式;对于"高动机-弱能力"的员工,加强指导、培训可事半功倍;而对于"高动机-高能力"的员工,注重授权则是有效的激励方式。基于员工成熟度状态,运用权变原则配置激励资源,不仅能促进单位整体绩效,而且可以大大降低依赖"能者多劳"的困顿和风险。此外,单位制度、政策和文化是资源安排的顶层设计,暗藏着单位默认的绩效逻辑。与"能者多劳"逻辑相比,"全员激励,各显所长"的资源配置理念对于提升单位整体绩效更具韧性。

**平衡组织制度的工具理性和价值理性**。工具理性又被称为"效率理性",注重行动策略和技术手段以及对结果的预测,强调行动过程的最大化效能,而对行动者及行动过程本身的价值并不在意。价值理性也称"实质理性",注重行动过程本身的固有价值,例如公正、民主、参与等价值,不以结果作为取舍依据。"能者多劳"逻辑体现了刻板的工具理性,有能力的人多劳动多产出,似乎就是一种效率。这种模式既忽视了"能者"作为行动者本身的价值,也抹杀了其他劳动者参与劳动过程的能力和权利。组织有效性的意义包含两方面:一是以"任务"为中心,强调完成任务的结果和效率;二是以"人物"为中心,注重工作过程中人的因素,包括员工基本权利,工作满意度和幸福感。组织制度设计要充分考虑两者的结合才能平衡工具理性和价值理性的关系。因此,针对"能者困境",要着重加强三方面的制度建设:第一，建立科学的人才评价体系，作为工作安排的依据。习近平总书记在党的十九大报告中提出："努力形成人人渴望成才、人人努力成才、人人皆可成才、人人尽展其才的良好局面。"人才评价体系的建设是推进"能者多劳"向"各有专长"转变的基础。第二，完善工作绩效评价模式。树立合理的绩效评价理念，统筹评价过程绩效和结果绩效，综合考虑柔性绩效要求和刚性绩效指标，不要让刻板量化的结果指标绑架了创新创造的潜在动力，也不要因为理想主义的价值而放弃提升效率的实践工具。第三，强化薪酬分配制度的保健功能和激励功能。薪酬分配不仅是劳动者生活资料的重要来源，也具有强大的激励功能，是唤起、维持工作动机、激发劳动热情的重要手段。薪酬分配机制要使多劳者有多得，人人各有所得，充分体现出薪酬是对绩效结果的回报，更是对劳动者和劳动价值的尊重。

加强敬业激励，拒绝躺平思维。为了避免"能者困境"，制度机制的建设和完善是必要的外部解决方案，而公务员自身的职业素养和理想信念则是消弭"能者困境"的内在力量。党的十九大报告指出，要在全社会"营造劳动光荣的社会风尚和精益求精的敬业风气"。"敬业"的核心是对岗位工作的无限热情，专注于本职工作，并不计个人得失地投入单位活动中。公务员处在为人民服务的第一线，工作中的一言一行不仅关乎单位工作效率，而且与人民福祉密切相关。如果没有对岗位心存敬畏，没有拼搏进取的精神和习惯，只关注衡量自身的利益获得，甚至遇事将任务推诿于"能者"，采取"躺平"策略，那么无疑是有违于公务员应有的职责担当的。因此，在破解"能者困境"的制度对策之外，引导和激励公务员群体树立坚定的为人民服务的理想信念，养成敬业奉献精神是避免"能者困境"的长久之策。拥有"计利当计天下利"的胸襟，才会在工作中不计个人得失，在困难面前开拓进取，主动创新，突破个人"能力"和"环境"造成的掣肘，成为精神上最为富足的奋斗者。

**参考文献**

［1］WILMAR B.SCHAUFELI, ARNOLD B.BAKKER. job demands, job resources, and their relationship with burnout and engagement: a multi-sample study[J].Journal of organizational behavior,2004, 25(3):293–315.

［2］MARTIN R, GUILLAUME Y, THOMAS G, et al. Leader member exchange（LMX）and Performance: a Meta analytic review [J]. Persommel Psychology,2016,69(1):67–121.

［3］宋世明.中国公务员管理的四大机制演进——以《公务员法（修订草案）》为分析蓝本[J].行政管理改革,2018,0(12):22–31.

# 第三章

# 企业的数字化/数智化转型

新一代技术革命叠加疫情冲击，数字化/数智化转型成为中国企业蓄势发展、实现赶超、提升韧性的应势之为和关键手段，成为中国制造业走在全球前沿不可或缺的一环。但转型意味着决心、阵痛、投入，需要企业制定切实的规划，实现工业化与信息化在更广范围、更深程度和更高水平上的融合发展。

# 科技领军企业数字化转型的战略意义

丁明磊

中国科学技术发展战略研究院研究员

当前，我国科技创新已经有了坚实基础，但基础研究薄弱、关键核心技术仍受制于人的局面没有得到根本性改变，强化国家战略科技力量要充分发挥企业的重要作用。通过对中国一汽的调研，我们进一步认识到，在数字化转型的浪潮中，一批科技领军企业更要勇担重任，聚焦国家战略需求，聚焦重点领域，推动创新要素的集聚，助力国家战略科技力量建设。

## ▶ 充分发挥科技领军企业在壮大国家战略科技力量中的重要作用

从国际经验看，在一定发展阶段，由政府组织产业力量研发突破关键核心技术并抢占竞争先机，一直是发达国家的通用手段。以日本为例，1970—1980年期间的超大规模集成电路（VLSI）计划，由日本政府通产省负责组织，以东芝、三菱、日立、富士通等相关企业为主体，以电气技术实验室（EIL）、日本工业技术研究院电子综合研究所与计算综合研究所为支撑，实施企业间联合研发攻关，实现了通过集中优势人才、促进企业互动、协作攻关，提升日本半导体和集成电路技术水平的战略目标。

关键核心技术研发攻关通常都有如下四个典型特点：一是瞄准本国产业具体的"卡脖子"技术，解决产业链安全问题；二是政府发起组织并统筹协调，实际则是企业主导完成；三是联合国内大学、科研院所等各类研究开发力量以及产业内上下游、大中小企业共同参与完成；四是在实施期间都得到政府科技计划的大力支持。

从过去实践看，以产业技术联盟为代表的各类产学研合作组织不断发展，对我国重点产业技术创新形成了系统支撑。科技部在"十一五"和"十二五"期间先后开展了三批国家联盟试点工作，联盟形成了联合开发、优势互补、利益共享、风险共担的紧密合作机制，通过编制产业技术路线图，围绕产业链部署创新链，一体化推进技术研发、成果转化和产业化，产业链协同创新不断加强，推动了一些产业核心关键技术突破。如电动汽车联盟构建了从电池系统、控制系统到整车集成的技术创新链，激光加工联盟开发出国内首条轿车车身激光焊接自动化生产线。

在作用发挥方面，这些年的实践也暴露出联盟与国家战略需求、重大科技任务结合不紧，产业技术创新骨干引领作用有待进一步发挥，联盟产业链协同创新优势得不到充分发挥等问题。

迈进新时代，由科技领军企业牵头组织创新联合体将是我国重大科技攻关的生力军。随着我国进入新发展阶段，开启全面建设社会主义现代化国家新征程，对创新能力提出了更高的要求，要加快打造原始创新策源地，加快突破关键核心技术，努力抢占科技创新制高点。科技领军企业不仅要提升自身研发能力和创新水平，还要努力牵头组织创新联合体，以产业链安全、国家安全和民生保障战略需求为牵引，突破一批关键"卡脖子"技术，形成一批战略性产品。

在未来一段时期，科技领军企业应着力牵头组建创新联合体，以共同利益为纽带、以市场机制为保障，形成一类政府力量与市场力量协同发力的体系化、任务型研发的创新组织。在这个过程中，既要注重从产学研用维度布局创新联合体，由科技成果从原始研发，到应用开发研究、到"0到1"转化、到"1到100"产业化贯通，也要注重从上下游产业链维度部署创新联合体，推动领军企业引领，中小微创新企业、上下游配套企业合力共谋，还要注重跨界跨领域构建创新联合体，确保多领域、交叉学科、差异化团队共同参与，推进面向前沿重大关键领域的科技创新。

## ▶ 科技领军企业数字化转型为建设国家战略科技力量提供了条件和空间

在对中国一汽的调研中，笔者切实体会到，数字经济将成为未来竞争的主战场。科技领军企业应通过数字化转型充分发挥海量应用场景及沉淀大量行业数据的优势，促进数字技术与实体经济深度融合，发挥市场需求、集成创新、组织平台的优势，整合集聚创新资源，提升我国产业基础能力和产业链现代化水平，为强化国家战略科技力量赋能。

一是新技术革命、新产业革命、数字经济的快速推进成为创新体系变革的重要力量。信息化、智能化和数字化的新趋势正在形成，创新活动的空间整合要求更高；创新活动的部门协同要求更高；创新的技术轨道与前景变革越来越大。亟须优化布局国家战略科技力量以提升对未来发展的适应性。以美国为例，美国先后发布《先进制造业美国领导力战略》《联邦大数据研发战略计划》《国家人工智能研究和发展战略计划》《美国机器智能国家战略》等，提出依托新一代信息技术等创新技术加快发展技术密集型的先进制造业，构建了以开放创新为基础、以促进传统产业转型为主旨的政策体系，有效促进了数字化转型的发展进程。

二是企业数字化转型适应了新科研范式变革的趋势。新一轮科技革命和产业变革突飞猛进，数字化、智能化、绿色化成为主导趋势，科研范式本身也在发生深刻变革。以人工智能、大数据为基础，数据密集型、应用导向、场景驱动为科学发现和技术创新提供了新方向，研发活动向网络化、生态化发展，开源开放、知识共享成为新趋势。伴随着产业技术创新活动复杂性与系统性越来越强，不确定性越来越高的现状，传统的研发与创新组织形式难以适应时代的发展，有必要在企业数字化转型中加速布局适应未来产业发展需求的新技术研发与创新组织模式，形成优势互补、联合开发、资源共享、风险共担的综合创新模式。

三是企业数字化转型有助于人才、资金、土地、市场等创新资源的集聚整合。数字化转型可以推动基础研究、应用研究、试验开发和产业创新深度融合，加快突破关键技术、核心技术。针对关键核心技术研发突破的企业或者创新联合体，要求牵头单位具备足够的研发投入能力、足够的前沿技术识别及研发领导能力等多方面能力，要能在重大项目实施中发挥组织领导作用，整合资源，积极开展联合攻关，推动技术创新。

四是企业数字化转型有助于构建良好融通的创新生态。领军企业依托自身规模和技术优势，以国家需求和产业重大需求为导向，依托现代信息技术构建高能级开放合作平台，推动形成各主体协同创新的体系化创新格局，带动中小企业和初创企业在产品工艺、技术应用、市场推广、应用场景等方面的创新，提升产业链创新能力。

## ▶ 政策建议

一是切实发挥一批科技领军企业在解决重点产业"卡脖子"攻坚体系中的主体作用。通过给责任、给投入、给机制，要结果、要能力、要未来，促进各种创新要素向企业集聚。在与产业相关重大科技任务组织中，提高企业技术专家的比例，不断探索将产业需求与科技计划有效对接的新机制。二是支持一批面向国民经济和社会发展重大关键核心技术突破的创新联合体建设。通过综合实力强、有战略担当的科技领军企业牵头，全面连接创新链、产业链、资金链、人才链，建立可持续的利益机制，打造能够调动参与各方积极性、创造新价值的新型融合创新组织，推动从分散完成科研项目向提升总体能力转变，探索产业关键核心技术攻关的新型举国体制。三是支持科技领军企业开放创新资源和应用场景，加强关键技术攻关和产业链培育。支持领军企业建设专业化众创空间、场景应用创新中心，面向中小微企业开放科技设施平台、数据、技术验证环境等，通过信息化手段促进大中小企业业务协作、资源共享和系统集成。

# 以工业互联网推进民营企业高质量发展

任 力

厦门大学经济学院教授

工业互联网是当今全球主要经济体促进经济发展的重要抓手。美国、德国、日本均成立了工业互联网的促进机构，制定了包括工业互联网在内的先进制造业的发展战略规划。2019年工业互联网全球峰会上，习近平主席发来的贺信，从全球化的角度展望了发展工业互联网的重大意义，进一步增强了我国发展工业互联网的战略决心。事实上，自美国通用电气公司于2012年首次提出"工业互联网"这一概念以来，我国政府于2020年再次将这一概念写入《2020年国务院政府工作报告》，并列入"新型基础设施建设"的重要内容。习近平主席关于工业互联网的重要论述及中央政府的建设规划对于我国民营企业高质量发展具有重要的指导意义。民营企业在国民经济发展中具有重要地位，具有"五六七八九"的特征，即民营企业贡献了我国经济50%以上的税收，60%以上的GDP，70%以上的技术创新，80%以上的城镇劳动就业，90% 以上的企业数量。在信息时代，民营企业利用好工业互联网是走高质量发展之路的重要途径。本文从马克思主义政治经济学的角度论述工业互联网的特征，以工业互联网推进民营企业转型升级的作用机理及其必要性，并提出以工业互联网推进民营企业发展的对策。

## ▶ 工业互联网及其特征

现代企业的商品生产，在市场经济的外在竞争与企业内在利润动机驱动下，越来越依赖于生产中科学技术的运用。同时，生产中科学技术的运用也迅速地改变生产结构与生产分工。马克思曾举过这样一个例子，"劳动过程的技术条件可以大大革新，以致过去 10 个工人用 10 件价值很小的工具只能加工比较少量的原料，现在 1 个工人用 1 台昂贵的机器就能加工 100 倍的原料"。[①] 这说明创新劳动过程的技术条件能改变资本有机构成与可变资本结构，显著提高生产效率。工业互联网是新一代网络信息技术与制造业深度融合的产物，作为现代科技进步的重要成果，它是现代工业生产中重要的"技术条件"，具有以下特点。

第一，工业互联网是新型劳动资料。劳动资料，是劳动者在劳动过程中用来改变或影响劳动对象的一切物质资料或物质条件。劳动资料中起决定作用的是生产工具，生产工具的水平与状态是生产力高低的主要标志。工业互联网是现代生产工具的重要内容，它的技术复杂状态、市场推广与运用程度

---

[①] 马克思：《资本论（第一卷）》，中共中央马克思恩格斯列宁斯大林著作编译局译，人民出版社，2004 年，第 244 页。

决定了劳动资料的质量优劣。

第二，工业互联网推动新的分工。工业互联网，促进了企业与工业互联网相应的"劳动资料"体系的耦合，"创造性破坏"打破了传统的分工模式，改变了传统的分工结构，对技术配套、材料采购、生产过程、市场营销、公司架构等体系中工人的知识结构提出更高的要求，形成新的分工需求，减少了传统的劳动用工数量，朝着劳动节约化的方向发展。

第三，工业互联网促进生产过程创新。马克思在评论工场手工业的分工时，曾这样指出："这种狭隘的技术基础使生产过程得不到真正科学的分解，因为产品所经过的每一个局部过程都必须作为局部的手工业劳动来完成。"[①]工场手工业下，产品质量、成本消耗、生产过程中的停留时间容易受到局部手工业者技能的影响。但工业互联网时代则不一样了，作为现代科技生产力的结晶，工业互联网优化工艺流程，不容易受到劳动者个体的影响，促进企业向数字化、智能化转型，生产过程更智能化、标准化，产品质量更可靠、更节能环保，所耗成本更低，资本的循环与周转加快，生产过程耗费时间更短，总体上降低了企业运行成本、提高了效率。

第四，工业互联网驱动制度创新。马克思关于生产力与生产关系的矛盾运动规律可以用来说明技术创新与制度创新的互动关系。从长期来看，技术创新推动制度创新，制度创新保障技术创新的功能得以实现。马克思在《共产党宣言》中说明，资本主义生产力的大幅度增长，只有在资本主义制度发展出某种可以直接应用科学的生产模式，即现代工业时，才能实现。资本主义制度，如合同、产权法、专利制度，作为降低风险的手段，产生对技术创

---

[①] 马克思：《资本论（第一卷）》，中共中央马克思恩格斯列宁斯大林著作编译局译，人民出版社，2004年，第393页。

新的强大推动力。这些经济制度被正式固定下来，使得创新成为资本主义制度的普遍现象。从这个意义上讲，制度创新孕育技术创新。工业互联网的运用及其发展是民营企业的一项技术创新，从企业内部的生产关系来说，工业互联网要求建立相应的新型企业制度与公司治理机制；从宏观方面来说，要求推进工业互联网的宏观调控制度创新，建立与之相适应的管理机制。

## 工业互联网促进民营企业高质量发展的原因

习近平总书记非常重视民营经济的创新，他于2018年11月1日在《在民营企业座谈会上的讲话》中提道，"让民营经济创新源泉充分涌流，让民营经济创造活力充分迸发"。创新的内涵是丰富的，按照约瑟夫·熊彼特的观点，创新可以概括为五个方面，即产品创新、技术创新、市场创新、原材料供应或生产方式的创新、组织创新。工业互联网是企业工业化与信息化的结合，是指企业采用一项新技术，在商务中对其推广与运用。因此，民营企业运用工业互联网是一种重要的技术创新。在国内外市场竞争激烈、经济形势大变的背景下，民营企业利用工业互联网可以进一步增强自己的生产能力与发展能力。马克思说："生产方式的变革，在工场手工业中以劳动力为起点，在大工业中以劳动资料为起点。"[1] 马克思的这一观点可以用来说明民营企业运用工业互联网的重要性。相对于国有企业，民营企业，特别是民营中小企业获取信息资源的能力较低，用于信息搜寻的人才、技术、设备等资源

---

[1] 马克思：《资本论（第一卷）》，中共中央马克思恩格斯列宁斯大林著作编译局译，人民出版社，2004年，第427页。

相对缺乏,或者资源质量相对较弱,信息搜寻时间长,搜寻渠道窄,导致民营企业获取信息的交易成本高。因此,工业互联网是民营企业跨越发展、高质量发展的重要抓手,民营企业能够以此避免在竞争中输在起跑线上。

第一,降低信息成本。信息是民营企业生产环节中的重要因素,包括市场发展、生产要素组织、市场营销等环节的信息。民营企业在使用工业互联网的情况下,运用云计算、物联网、大数据、人工智能等新一代信息技术,打通企业、市场、消费者三者之间的信息渠道,以较低的成本获得生产的要素链、产业链、价值链等相关的信息资源,缩短了市场搜寻所需的时间,有利于物资生产、调度、分配、运输的全局优化。在这一点上,马克思早就指出:"科学和技术使执行职能的资本具有一种不以它的一定量为转移的扩张能力。"[1] 民营企业利用工业互联网,可大幅度降低技术搜寻成本、市场搜寻成本,降低供求对接的交易费用,增强企业的扩张能力。

第二,降低要素成本。工业互联网平台为企业提供低成本的信息化、数据化、网络化手段和工具。企业生产效率、资源利用率有效提高,运营成本、产品不良率显著降低,产品研制周期明显缩短。目前我国民营企业处于产业转型的关键时期,劳动力成本是民营企业主要的成本构成因素。随着我国经济发展,民营企业的工资增长较快,劳动力成本仍将进一步攀升,这将成为制约民营企业发展的因素之一。民营企业在使用工业互联网的情况下,可以降低用工成本。工业互联网推进工业企业生产中使用机器人替代工人,降低了对生产工人的需求。与此同时,使用工业互联网,可以简化物资采购、内部管理、市场营销、售后服务等环节的程式性工作,提高工作效

---

[1] 马克思:《资本论(第一卷)》,中共中央马克思恩格斯列宁斯大林著作编译局译,人民出版社,2004年,第699页。

率，也减少了劳动需求。因此，工业互联网的使用，提高了民营企业的科技水平，也提高了民营企业的劳动生产效率，同时降低了能耗、物耗成本。

第三，促进产业协同。在现代市场体系中，企业的分工程度加深，分工越来越细致，一个企业已经无法达到大而全、大而美了，任何企业都只是产业链上的一个环节。企业与企业的竞争，不再是产品、市场的零和博弈，而是互补、竞合的合作关系，通过工业互联网，能够促进民营企业共赢发展。正如马克思所说的，"劳动资料日益转化为只能共同使用的劳动资料，一切生产资料因作为结合的、社会的劳动的生产资料使用而日益节省，各国人民日益被卷入世界市场网"。[1] 民营企业使用工业互联网，促进新一代信息技术与制造业深度融合发展，使民营企业从更深程度上参与行业内分工、行业间分工、价值链分工，促进产业的耦合与协同效应，提升民营企业的经营绩效与发展质量。

第四，实现个性生产。消费者对企业产品有了较多的特质化需求。针对这一市场需求发展的新态势，民营企业在发展中，其竞争策略应从价格竞争、数量竞争、质量竞争转向个性竞争，生产上要求实现个性生产。民营企业通过工业互联网能够实现个性生产，其原因在于：一是利用工业互联网进行数据挖掘，致力于推进智能制造，对生产经营数据作多维度分析与智慧连接，促进供给的精准性，可有针对性地解决市场个性化需求问题；二是利用工业互联网的数据驱动，构建精准、实时、高效的数据采集互联体系，减少了企业决策的误判，提高了决策的科学性与正确率；三是利用工业互联网的机理，优化了生产模式的组织途径，以较低的成本，实现小批量、多品种的

---

[1] 马克思：《资本论（第一卷）》，中共中央马克思恩格斯列宁斯大林著作编译局译，人民出版社，2004年，第874页。

个性生产。

第五，促进转型升级。马克思曾经以飞轮的发明与运用为例说明，工场手工业中，"磨"的局限引发了新的技术需求，导致了飞轮的发明与运用。因此，马克思提出："大工业最初的科学要素和技术要素就是这样在工场手工业时期发展起来的。"① 工业互联网与工业化的结合，代表了机器大工业的最新技术境界，民营企业具有运用这一成果的基础与条件，可以利用这一技术基础，实现转型升级，完成高质量发展所需的技术支撑。"机器生产是在与它不相适应的物质基础上自然兴起的"。② 技术进步到一定阶段，推翻了旧技术基础及其技术体系与工艺体系。工业互联网作为人、机、物、信息全面互联的新型基础设施，通过产业链的连接，驱动数据资源充分流动，加速制造业企业数字化改造，推动重点行业数字化升级，引导产业集群数字化转型，高效提升传统制造业的发展质量与效益。从宏观上讲，发展工业互联网可以催生民营企业新业态、新模式。民营企业可以利用工业互联网，进行资源整合，成为新企业的孵化器。

第六，缩短发展差距。工业互联网是推动民营企业高质量发展的关键支撑，是实现由制造大国向制造强国转变的关键抓手。工业互联网作为新一代信息技术与工业化深度融合的产物，能够优化生产体系，整体提升企业数字化、软件化、网络化、智能化运行水平，增强企业柔性与应变力，引领组织变革，优化资源配置，打造新型的制造体系，推动民营企业创造性转变，而转型升级是民营企业高质量发展的关键。工业互联网是民营企业追赶国内外

---

① 马克思：《资本论（第一卷）》，中共中央马克思恩格斯列宁斯大林著作编译局译，人民出版社，2004年，第433页。
② 马克思：《资本论（第一卷）》，中共中央马克思恩格斯列宁斯大林著作编译局译，人民出版社，2004年，第439页。

领先企业的机会,是我国建设制造大国、制造强国的坚强后盾。发展工业互联网有利于民营企业打破企业内部、供应链上下游之间的数据孤立状态,实现资源运用协同,从而提升效率、降低成本,有利于民营企业迅速追赶国内外先进企业与行业。

## 以工业互联网推进民营企业发展的必要性

党的十九大以来,全国大多数省(区、市)出台了工业互联网发展规划,形成了民营企业利用工业互联网的多种模式。典型的有:广东省从2018年起,推动近20万民营中小企业运用工业互联网,实现数字化改造;长江三角洲地区九地市自2018年起制定跨区域的工业互联网政策,在全国率先建成区域性工业互联网平台集群;浙江省自2019年起着力打造"1+N"工业互联网平台体系,推进民营中小企业上平台、用平台;江苏省自2019年起大力发展"5G+工业互联网",促进民营中小制造业企业转型升级。从国家层面来讲,2019年工业互联网取得了较大的发展:工业互联网平台架构体系进一步完善,许多民营企业接入主流的云大数据平台,工业互联网的政策法规、资金保障、人才体系等方面不断完善。2020年年初新冠肺炎疫情期间,工业互联网对于抗疫医院建设、跨行业生产、公共远程医疗等产生了巨大的经济与社会效益。在"后疫情时代",工业互联网对于民营企业复工、复产、智能制造步伐、缓解经济下行压力方面将进一步发挥重要作用。当前我国民营企业,特别是中小型民营企业,在利用工业互联网方面,存在如下五个方面的问题。

第一，工业互联网的基础设施待完善。一方面，我国民营企业之间异质特征明显，在行业、标准、质量、品种、类型、管理等方面差异大，工业互联网标准未统一，兼容性差，针对民营企业行业特性的工业互联网标准少。另一方面，尽管民营企业大都认识到了工业互联网的安全体系是企业的"围墙"，对于保护企业的技术秘密与商业秘密至关重要，但当前工业互联网安全防护设施建设有待提升，其存在的问题有：工业互联网遭受网络攻击的次数不断上升，安全标准评价体系未建立，安全防范体系也尚待建立，企业安全保障能力参差不齐，工业大数据安全防护的数据权属界定不清，安全防护产品定价难，等等。

第二，工业互联网平台缺乏应用场景。近年来，我国工业互联网平台数量增长很快，但真正能形成关键规模和有效益增长的工业互联网平台并不是很多，由于工业企业的个性化非常强，场景复杂，特别是有很多工业互联网平台空有技术展示的功能，但因缺乏足够多的应用场景，其使用效率并不高。此外，民营企业主对工业互联网的认识程度不一，也导致目前工业互联网的应用范围狭窄。

第三，没有形成工业互联网的民营企业生态系统。我国工业互联网发展面临企业能力不足的问题，总体来看，我国是制造业大国、互联网大国，但存在大而不强的问题。建立工业互联网也面临从大到强的过程，无论是从制造业这一端，还是从互联网这一端，都普遍存在能力不足的问题。[1] 民营企业有着不同于国有企业的工业互联网生态系统，在管理上，它具有程序链条短、决策效率高、成本低等原则；在工业互联网结构上，具有面向民营企业

---

[1] 《工信部：我国工业互联网发展面临企业能力不足问题》，新浪网，2017年11月3日，https://www.sohu.com/a/202109227_428290，访问日期：2020年7月19日。

特定用途的块状化、个性化基础上的集成化等特点。要针对民营企业这些特点，围绕工业互联网中的网络、平台、安全三大功能体系，加强基础建设、能力建设和技术建设，形成运行高效、安全的工业互联网生态系统。

第四，中小型民营企业对工业互联网的接受程度低。当前民营企业"上云"的积极性不高。相比规模以上企业，中小型民营企业没有看到使用工业互联网能够带来的商业价值，绝大多数处于了解和观望状态，没法对工业互联网应用达成共识，整体上没有进入决策和购买阶段。[①] 大多数民营企业仅完成了工业互联网系统的注册环节，后续运用没有跟进，以致企业在设备链接、工业数据管理与利用等方面滞后，工业互联网络效率不高。此外，影响民营企业使用工业互联网的还有信息化投入不足，数据标准欠统一，数据深加工分析程度低，企业之间存在数据孤岛等问题。

第五，民营企业运用工业互联网成本较高。当前工业互联网集体采购服务、物流供应链服务、交易金融服务、产业园区配套服务、工业产品采购的供需对接服务、网络安全服务等方面收费较高，这些费用增加了民营企业的运行成本。在当前新冠肺炎疫情的影响下，民营企业力图以较低的成本维持营运，而较高的入网成本导致民营企业加入工业互联网的积极性降低。

## 以工业互联网加快推进民营企业发展的对策

第一，加强工业互联网的基础建设。根据马克思主义政治经济学的原

---

[①] 沈怡然：《工业互联网热背后：为何民营企业态度积极却不买单？》，新浪财经-经济观察网，2019年2月23日，http://finance.sina.com.cn/roll/2019-02-23/doc-ihqfskcp7762513.shtml，访问日期：2020年7月15日。

理，工业互联网驱动生产方式变革，特别是生产关系的变革，因此，要加强工业互联网基础建设的宏观调控，将其作为民营企业高质量发展的重要依托。当前，我国应进一步加大对工业互联网共性重大技术的攻关。一是从我国数字经济整体发展、区域工业互联网经济协调发展的角度，推进工业互联网标识解析体系建设，促进标识解析技术体系创新，大力推动二级节点建设，从而实现链网协同发展；[①] 二是深入实施以大数据为引领的创新驱动战略，推进5G、工业互联网、人工智能同实体经济深度融合，为民营企业参与工业互联网创造环境条件；三是以打造工业互联网示范基地为目标，加大网络基础设施建设，支持企业"上云上平台"，提升工业智能化水平，营造良好的工业互联网产业生态体系；四是加强民营企业数字化转型共性技术研究，针对传统产业数字化，研究解决方案，形成一批标杆示范案例，在国内复制与推广。

第二，加强工业互联网平台建设。马克思说过，"大工业必须掌握它特有的生产资料，即机器本身，必须用机器生产机器"。[②] 工业互联网的发展离不开功能平台的支撑。要促进民营企业与工业互联网建立相应的"劳动资料"体系。在技术体系、企业生产体系、市场营销体系、材料采购体系、生产过程体系等环节，与工业互联网耦合。要加强云平台服务商、云应用平台建设，推动民营企业上云平台。细化工业互联网发展战略，以产业互联为核心，以标识解析为抓手，以云计算、大数据、区块链、5G、人工智能等新基

---

[①] 《工信部：深入推进工业互联网标识解析体系建设》，腾讯网-中新经纬客户端，2019年8月22日，https://new.qq.com/omn/20190822/20190822A0HDNS00.html，访问日期：2020年7月15日。

[②] 马克思：《资本论（第一卷）》，中共中央马克思恩格斯列宁斯大林著作编译局译，人民出版社，2004年，第441页。

建技术为支撑,构建工业大数据服务体系,通过标准化引领,推进产业数字化,产业能力汇集,产业服务能力开放,实现企业高质量发展和融合创新,提升企业供应链协同效率,促进产业协同,着力降低工业互联网的入网成本,深化供给侧结构性改革,提高经济效益和社会效益,实现制造业高质量发展。

第三,增强工业互联网安全保障能力建设。充分运用好政府监管与市场机制,提升工业互联网的安全保障能力,解决民营企业因入网可能遇到的商业秘密泄露的问题。制定安全防护制度标准,完善安全技术监测体系,开展工业互联网企业分类分级试点,改善安全防范管控机制,完善各级政府层面的工业互联网安全服务平台建设,实现与国家级工业互联网安全监测平台的互联对接,确保工业互联网设备、网络、控制、应用和数据的安全。促进工业互联网安全技术产品创新,鼓励企业创新安全产品和方案设计,促进加密传输、访问控制、数据脱敏等网络安全产品研发和技术攻关支持力度,加强安全产业产品协同创新。筛选一批工业互联网信息安全技术保障厂商,确定工业互联网安全产品的合理定价机制,为民营企业开展相关安全咨询、规划、整体实施等活动提供技术资源,为工业互联网安全突发事件应急处置提供技术支持。同时,突出政府网络安全公共服务平台建设,为民营企业工业提供网络建设公共安全咨询,进一步培育良好的网络安全生态系统。

第四,加强对工业互联网建设主体的金融支持。马克思曾说,大工业"把科学作为一种独立的生产能力与劳动分离开来,并迫使科学为资本服务"。[1] 工业互联网是现代化工业的重要内容。利用工业互联网能够更

---

[1] 马克思:《资本论(第一卷)》,中共中央马克思恩格斯列宁斯大林著作编译局译,人民出版社,2004年,第418页。

好地实现企业目的。通过为工业互联网提供金融支持，将激励各方利益相关主体，提高工业互联网的覆盖率与使用效率。可采取的措施有：从各级政府的新兴产业发展基金、科技项目基金等资金中切块支持工业互联网建设，或者新建工业互联网信贷基金，为工业互联网提供金融支持；对技术水平高、专业服务能力强、研发实力厚的工业互联网的运营商进行补贴资助；对民营企业利用工业互联网的入网项目及其他业务推进财政补贴支持；针对工业园区、高新技术园区等，打造一批工业互联网示范工程，促进产、学、研、政府服务的深度对接，建成工业互联网集成系统的价值链，促进工业互联网深度发展。

第五，鼓励民营企业对工业互联网进行投资。工业互联网是民营企业中一项不同于传统资产的重要资产要素。在宏观管理上，应在会计及税务政策方面鼓励民营企业加大对工业互联网的投资与利用，形成网络资产。马克思曾经指出，"由于分工，劳动生产力提高了……社会的生活资料和生产资料越来越多地转化为资本，这是由工场手工业的技术性质产生的一个规律"。[①]事实上，不仅工场手工业如此，机器大工业时代、信息技术时代，生产资料也越来越多地转化为资本。工业互联网是民营企业生产中一项重要的生产资料，是当代生产力发展的重要成就，应在政策上鼓励民营企业在使用工业互联网环节上进行投资。可实施的政策有：在设备方面，可采取加速折旧等方法；在税收方面，允许民营企业扩大加计扣除政策的范围；在知识产权管理方面，对于民营企业在利用工业互联网方面有创新的，可确认形成专利技术，获得知识产权的法律保护。

---

① 马克思：《资本论（第一卷）》，中共中央马克思恩格斯列宁斯大林著作编译局译，人民出版社，2004年，第416页。

第六，创建与维护好民营企业的工业互联网生态。马克思指出："一个工业部门生产方式的变革，会引起其他部门生产方式的变革。"[1]工业互联网的发展也是如此。当更多的民营企业融入工业互联网时，就形成了网络生态系统。网络生态效应的扩大，有利于降低民营企业的入网成本。为了形成良好的工业互联网生态，一是要针对民营企业的特点及行业特征，创新工业互联网商务模式，尽量降低民营企业使用工业互联网的成本；二是加强工业互联网知识产权的法律保护，进一步维护工业互联网开发商等各相关主体的利益；三是加强工业互联网平台建设的宏观调控，在现有基础上扩大工业互联网的使用范围，实施工业互联网平台准入机制，避免低层次平台重复建设、过度竞争；四是应进一步优化民营企业工业互联网的营商环境，放宽对民营企业实施工业互联网产业转型的政策支持，从知识产权、上网连接、网道费、上网费用等方面参照高新技术企业的政策进行支持。

第七，加强对民营企业工业互联网的人才培养。工业互联网是民营企业发展的一种重要的基础设施。工业互联网对民营企业带来的收益，取决于民营企业对它的掌握与创造性运用能力。当前，要加强对民营企业家、高管人员关于工业互联网的基础知识及商务模式的普及、宣传与运用推广，批驳工业互联网无用论，为民营企业主进一步发挥创业、创新的企业家精神奠定基础，鼓励民营企业结合工业互联网的特点进行应用创新。

---

[1] 马克思：《资本论（第一卷）》，中共中央马克思恩格斯列宁斯大林著作编译局译，人民出版社，2004年，第440页。

## 小 结

工业互联网是现代科技文明的结果。与大企业相比，民营企业在信息资源获取与利用方面处于弱势，使用要素组合来提高生产效率也处于弱势，在运用工业互联网的情况下，民营企业与数字经济融合发展，以此可以提高信息的获取能力、生产要素的组织能力、产出绩效与竞争力。在"后疫情时代"及中美贸易摩擦加剧的背景下，我国民营企业在国际市场上的成本优势被进一步削弱，这种情况下，民营企业要利用工业互联网使生产更具有柔性与韧性，按照2020年5月中央提出的"六稳六保"的要求，进一步增强创新能力、挖掘降成本的潜力、开拓新市场的能力，实现转型发展、高质量发展。

**参考文献**

[1] 约瑟夫·熊彼特. 经济发展理论 [M]. 何畏, 易家详, 张军扩, 译. 北京: 商务印书馆, 2000.

# 人工智能与传统产业的深度融合发展

史占中

上海交通大学安泰经济与管理学院教授

▶ 引　言

　　大数据和机器智能将会彻底改变未来的商业模式，很多传统的行业都将采用智能技术实现升级换代。随着人工智能技术的发展，人类的生产方式、出行方式乃至生活方式均面临着智能化变革，从智能手机、智能家居到智能机器人无一不显示着智能时代已经来临。作为新一轮产业变革的核心驱动力，人工智能技术是重塑产业发展的新优势、提升国家竞争力的强战略。

　　对此，发达国家纷纷出台相关政策文件，旨在加速人工智能快速发展。早在2013年，美国政府便开始布局国家机器人计划并作为重点资助项目，人工智能随后于2016年被上升到美国国家战略高度。为进一步提高美国在人工智能领域的领导力，白宫于2019年2月发布了《美国人工智能倡议》和《加速美国在人工智能领域的领导地位》等文件，引导并推动美国人工智能技术的发展；德国"工业4.0"计划和《联邦政府人工智能战略要点》均提出通过人工智能技术与制造业相结合，促进德国产业向智能制造发展；日本、韩国也分别出台了《日本机器人战略：愿景、战略、行动计划》和《第二次智能机器人行动计划》等政策文件，旨在推动传统行业与人工智能和机器人技术的深度融合。由此可见，人工智能技术已引起了新一轮的工业革命。阐释智能时代下传统产业如何重塑，是当前产业经济学探讨的重要议题。

## 人工智能产业化发展背景和进程

智能时代的来临，将颠覆传统产业结构，重塑全球产业竞争格局。回溯过去200多年世界经济发展历史，我们曾先后经历三次工业革命，每一次工业革命均伴随着传统产业的重塑。目前，以克劳斯·施瓦布为代表的学者认为：以人工智能为主要标志的第四次工业革命已经悄然到来，并以更快的速度、更广的范围整合和重构全球价值链条。微软、谷歌、百度等科技巨头企业积极布局人工智能产业，且已在机器人、金融、医疗、安全防范等产业领域取得革命性突破。

人工智能（学科）是计算机科学中涉及研究、设计和应用的智能机器的一个分支。其近期的主要目标在于研究用机器来模仿和执行人脑的某些智力能力，并开发相关的理论和技术。1956年，人工智能概念在达特茅斯会议上被第一次提出，随后麻省理工学院、卡内基梅隆大学等高校以及IBM等研究机构建立了人工智能研究中心,并在搜索方法、机器定理证明及 LISP[①] 表处理器语言等方面取得重大突破,从而迎来了人工智能的第一次发展浪潮。20世纪 80 年代,人工智能进一步深入发展,以费根鲍姆为代表的基于规则的专家系统开发与应用获得成功,人工智能技术开始初步应用于医疗诊断、计算机设计、商业与科学等领域,随后神经网络、模式识别等技术的发展带动了人工智能的第二次发展浪潮。20 世纪 90 年代中期,互联网的发展使机器学习成为人工智能研究的焦点,人工智能研究主题也从单个智能主题转向基于网络环境的分布式主题,人工智能进入了稳步发展阶段。1996 年,计算机系统"深蓝"战胜国际象棋世界冠军卡斯帕罗夫事件使智能机器人被人们广泛认知,随后智能化工业机器人和服务机器人被广泛应用于各行各业,引起了人工智能的第三次发展浪潮。21 世纪以来,人工智能进入了蓬勃发展阶段。互联网、云计算、物联网和大数据等技术的发展推动了以深度神经网络为代表的人工智能技术发展,同时也引起了新一轮的商业革命。德国"工业4.0"战略、"中国制造 2025"战略以及"美国人工智能研究与发展战略"等意味着人工智能技术的发展将重塑全球范围内的产业分工格局。

前三次工业革命美、英等发达国家的历史经验对于智能时代中国传统产业重塑具有重要的借鉴意义。当今中国应紧紧抓住第四次工业革命带来的机遇,加速人工智能与传统产业的深度融合,推动"智能+"产业的快速发展,包括智慧零售、智慧文旅、智慧出行、智慧金融等商业服务和智慧医疗、智慧教育、智慧政府等在内的公共服务,同时涉及智慧制造、精准农业等产业。尽管在人工智能基础研究方面,中国落后于美、英等发达国家,但基于海量数据和场景应用市场等优势,中国有望把握智能时代的历史机遇,实现

---

① 通用高级计算机程序语言,长期以来垄断人工智能领域的应用。——编者注

"弯道超车"。

## ▶ 人工智能产业化发展现状和趋势

近年来,随人工智能技术的发展,智能化产品开始融入人们的生活,人、机器、智能机器协作与共存将成为人类社会结构的新常态。世界各国纷纷着手布局人工智能领域,力图抢占行业制高点,人工智能产业进入了快速增长阶段,大量人工智能技术研发和应用企业正在崛起。根据相关文献和报告数据,本文从以下几个方面论述人工智能的发展现状。

**产业规模持续增长,市场潜力大**。目前,人工智能产业发展迅速,逐渐成为拉动全球经济增长的主要来源之一。截至 2017 年,全球人工智能产业规模约 2307 亿元。中国人工智能发展起步较晚,自 2015 年开始,中国人工智能产业规模逐年攀升。截至 2017 年,中国人工智能产业规模达 216.9 亿元人民币,同比增长 52.8%。图 3-1 表示了人工智能的产业规模。

从人工智能企业数量来看,由中国信息通信研究院数据研究中心的全球 ICT 监测平台实时监测数据可知,2014 年到 2016 年全球出现人工智能企业创业潮现象,2016 开始新创企业数增长放缓,截至 2018 年上半年,全球共监测到人工智能企业 4998 家,其中前 3 名分别为美国(2039 家,占 40.8%)、中国(1040 家,占 20.8%)和英国(392 家,占 7.84%)。

**资本市场加速涌入,投资渐成熟**。从投融资角度看,自 2013 年以来,资本市场持续投资人工智能产业,中国已成为其中企业服务、医疗、金融、机器人、汽车等领域吸引资本最多。艾媒咨询数据显示,2018 年中国人工

```
(亿元)
8000
7000                                                          6800
6000
5000                                              4285
4000
3000                                    2700
             2307
2000  1684   1971
1000        142        217        339        500        710
   0  112
     2015   2016   2017   2018   2019   2020  (年)
              ■ 全球    ■ 中国
```

图 3-1 人工智能产业规模

资料来源为"德勤咨询：中国人工智能产业白皮书"。

智能领域共获融资 1311 亿元，比 2017 年增长了 677 亿元，增长率为 107%。从投融资事件的融资轮次和单笔融资额度看，获得 C 轮以上融资的企业占比较大，大额融资事件频发，说明中国人工智能产业发展开始逐渐步入成熟阶段，且资本市场更热衷于投资优秀的龙头企业，初创企业的融资难度增加。

**人才需求加剧，"智能 +"多样化发展**。人工智能产业的竞争，归根结底是人才的竞争，只有投入更多的高端人工智能人才，才能站在人工智能技术的制高点。根据腾讯研究院《2017 全球人工智能人才白皮书》的数据可知，截至 2017 年，全球人工智能领域人才约 30 万人，远远低于百万量级的市场需求，人才缺失严重。为吸引人工智能人才集聚，科技巨头们一方面推出人工智能人才引进计划，如百度的"少帅计划"、阿里巴巴的"青年军"计划；另一方面高薪吸引高校研究人才，并建立人工智能实验室吸引各国人才，如微软亚洲研究院、IBM 兖州研究院等。

相比专业人才需求的加剧，人工智能的产业发展逐渐呈现出多样化融合发展的特点。类似于"互联网 +"，"智能 +"可以与多个行业融合发展，推动技术进步、效率提升和商业模式变革，从而催生了大量新兴产业。随着人工智能技术的突破，"智能+"产业得以快速发展，包括智慧零售、智慧文旅、智慧出行、智慧金融等商业服务和智慧医疗、智慧教育、智慧政府等公共服务，以及智慧制造、精准农业等产业。

**技术垄断发展，经济安全需关注**。历史经验和现实告诉我们，核心技术代表着产业的核心竞争力，掌握人工智能核心技术的国家在产业竞争中具有天然的垄断地位，导致一些在人工智能发展中具有劣势地位的国家，经济安全受到前所未有的威胁。例如，与美国等发达国家相比，中国人工智能芯片、高度集成的机器人等许多核心技术落后于人。以硬件环节为例，中国半导体产品国际市场占有率仅为4%，远落后于美国的全球占比。芯片产品更是严重依赖进口，2017年进口额达到2601亿美元，同比增幅高达14.6%。2018年"中兴通讯事件"已经表明，国外人工智能核心技术的垄断，严重威胁中国的经济安全。

## ▶ "智能+"赋能传统产业重塑

传统产业转型升级面临的问题。改革开放以来，中国迅速从一个落后的农业大国成长为第一工业大国，但在取得惊人成绩的背后，产业发展正面临着"大而不强"、产业发展不平衡以及环境污染和资源约束等瓶颈问题。

从农业看，人多地少是中国的基本国情，中国农户被认为是"超小的土地经营者"，平均可经营土地规模较小，且呈零散化特征。小规模、分散化的农业经营模式导致中国农业生产成本较高，且难以实现产业化发展，使农业在国际竞争中处于劣势地位。另外，长期以来，中国政府更偏重于工业和服务业的支持，导致农业科技投入水平低、农产品产业链不完整现象严重，这制约着中国农业转型升级。蔡昉等学者的实证研究表明，中国农业发展出现了资本报酬递减现象，且过度依赖政府补贴和保护，缺乏自立性和竞争力。

从制造业看，2010年中国制造业在全球制造业总值中的比例为19.8%，超过美国的19.4%成为世界制造业第一大国，对此欧美国家纷纷提出针对中国的"再工业化"战略，扼制中国制造业转型升级。另外，中国制造业"大而不强"的特征导致大多企业集中在产业链低端位置，随"人口红利"消失，劳动成本上浮和人均增加值的下滑严重影响中国制造业的发展。从区域发展的角度来看，中国制造业受各地区要素禀赋和经济水平的影响，东西部制造业发展差距较大。从制造业产品来看，中国制造业受制于核心技术的瓶颈，产品难以满足高质量、个性化的市场需求。

从服务业来看，改革开放以来，中国服务业保持稳定增长趋势，占全国GDP总量比重由1978年的23.7%上升为2018年的52.16%。互联网的快速发展，更推动了中国新兴服务业的发展，使中国服务业产值跃居世界第3位。然而，中国服务业主要以传统服务业为主，而生产性服务业发展缓慢，且呈现出规模小、不均衡、产业融合度低等特点，关于研发设计、节能环保等领域的高新技术服务产业比重较低，难以支撑制造业转型升级。

人工智能与传统产业深度融合。面对人工智能技术进步带来的全球竞争格局，中国新常态经济发展亟须开发新的经济增长点，人工智能与传统产业深度融合既是建设现代化经济体系的需要，也是推动农业现代化、制造业转型升级以及服务业智能化的需要。

"智能＋农业"主要是指物联网、大数据、云计算等技术实现农业生产的精准投入和智能化管理。市场研究公司 Markets and Markets 的报告显示，2017 年全球智慧农业市场规模已达 67 亿美元，预计 2023 年将达到 135 亿美元。早在 1984 年，日本就颁布了《人工智能与农业——精农技术与尖端技术的融合》，旨在利用人工智能技术提高农业生产力；美国作为全球第一农业强国，一直引领智能农业的发展，高盛研究报告《精确农场：用数字农业欺骗马尔萨斯》认为，美国通过智能农业能够实现到 2050 年将玉米产量提高 70%。中国近几年经过不断探索，在农产品生产加工和水产、畜牧业养殖等方面不断实现智能化、精准化控制，从而提高农业经济效益，加速农业现代化发展。例如，京东的"京东农场"和阿里云的 ET 农业大脑①均是国内农业现代化发展的代表。

"智能＋制造"是以新一代信息技术为基础，配合新能源、新材料、新工艺，贯穿设计、生产、管理、服务等制造活动各个环节，具有信息深度自感知、智慧优化自决策、精准控制自执行等功能的先进制造过程、系统与模式的总称，是"中国制造"能否转型升级为"中国智造"的关键路径，也将在很大程度上影响到中国能否从如今的"经济大国"走向世界"经济强国"。"中国制造 2025"战略实施以来，智能制造产业得以快速发展，前瞻产业研究院的报告显示，2017 年中国智能制造产业规模约达 15000 亿元，预计 2023 年将达到 2.81 万亿元，产业增长潜力巨大。当前中国智能制造产业可分为基础、平台和应用 3 个层面，其中基础层包括工业机器人、制造业物联网，平台层包括制造云、制造业大数据及商业分析、制造业人工智能（算法），应用层包括智能工厂应用/解决方案。

---

① 旨在利用人工智能实现农业转型。——编者注

## 第三章 企业的数字化/数智化转型

"智能+服务"是智能时代发展的必然趋势，将改变人们的生活和工作方式。一方面，人工智能技术能够改变传统服务业现有业态，有效连接企业与客户需求，解决行业痛点，从而提高企业服务质量和服务效率，促进传统服务业转型升级。例如，政务利用计算机视觉、机器学习等技术提高自助服务能力，减少了政府服务巨大的工作量；金融行业用语音识别等技术打造智能客服，并且用大数据开发智能投顾提供更多的个性化服务，解决了运营成本和个性化服务问题；零售行业利用机器学习、计算机视觉等技术精准分析顾客需求，提升顾客消费体验。另一方面，人工智能技术直接应用于服务业，如医疗机器人、医疗影像辅助诊断技术可以快速进行病症筛选、诊断，同时健康管理通过移动端设备连接健康医疗，改变人们的健康习惯。在教育、娱乐、家政等领域，智能服务机器人也被广泛地应用，智能服务极大地提高了人们的生活质量，逐渐成为人们生活中必不可少的一部分。2012—2018年中国人工智能融资金额和融资事件数如图3-2所示。

图3-2 2012—2018年中国人工智能融资金额和融资事件数

资料来源为"艾媒报告：2018中国人工智能产业研究报告——商业应用篇"。

## "智能+"典型案例：平安科技

平安科技成立于 2008 年，是平安集团的高科技内核和科技企业孵化器，致力于打造"平台+AI+生态"模式，赋能智慧城市、金融、医疗、房产、汽车五大领域。十几年来，平安科技发展迅速，多项核心科技研发成果已处于国际领先水平，例如，平安科技的"人脸识别"经美国 LFW[①] 评测获全球第一，其准确率高达 99.8%；"智能读片"经 LUNA（肺结节智能读片）评测为全球第一，肺结节检测准确率达 95.1%，假阳性筛查准确率达 96.8%；"智能音乐"获瑞士"AI 作曲"全球第一，其中综合得分与受欢迎度均位列第一。

在场景应用方面，科技解决方案已经应用在超 400 个场景中。平安科技通过"云+端"的模式构建人工智能平台，并且建立起支撑场景落地的产品体系：云产品通过智能认证平台输出人脸识别、声纹识别、图像识别等 AI 技术，其中人脸识别准确度被公安部第三研究所认证为 99.84%，并且已经用于深圳机场、小区等公共设施中；端产品主要围绕智慧楼宇、智慧教育、智慧零售等领域研发输出包括硬件、芯片、集成方案等产品。

在金融科技产业方面，平安科技利用自有的 8 大数据中心、深度学习的集群云平台以及每秒百万级并发数据处理量构成了一个高效的"智能+金融"服务平台，并孵化了一批独角兽，包括陆金所、金融壹账通、平安医保科技、平安好医生等，引领全球产业发展与变革。

平安科技依托集团资源助力企业智能化转型，在人才及技术、研发资

---

[①] Labeled Faces in the Wild，人脸数据库，由美国马萨诸塞州州立大学阿默斯特分校计算机视觉实验室整理的数据库。——编者注

金、数据储备、应用场景等方面均有天然的优势。人才及技术方面，平安吸纳了众多来自顶尖科技公司人才，并以 10 亿美元基金收购海外先进技术，到 2019 年为止，中国平安共拥有 22000 多名技术人员以及 500 多位大数据科学家，全球专利 3000 多个，人脸识别、声纹识别和 OCR 等技术均处于全球领先位置；研发资金投入方面，平安将年收入的 1% 投入创新科技中去，预计未来 10 年将累计投入 1000 亿元；数据储备方面，平安发展金融以及医疗方面的数据已沉淀超过 30 年，大体量的数据为平安科技提供坚实的基础；应用场景方面，平安定位了人工智能应用的五大场景，分别是金融生态、智慧城市、医疗生态、房产生态以及汽车生态，不仅与平安本身业务联系紧密，也与大众日常生活有着极大的相关性。

## ▶ 人工智能与传统产业深度融合发展的建议

智能时代带给了中国传统产业转型升级的历史机遇，同时也带来了一系列问题。一是中国人工智能技术研发起步较晚，在芯片等核心技术的基础研究方面与美、英等国具有较大差距，政府急需推动国内人工智能领域的芯片、云端、算法等核心技术的突破，完善人工智能产业链；二是人工智能高端人才稀缺，国内高校学科发展较慢，当前急需引进人工智能高端人才，并建立培养人工智能专业技术和人工智能应用方面人才的体系；三是数据共享难以实现，场景应用优势尚待挖掘，当前急需破除数据共享体制障碍，健全相关法律法规，并积极发挥场景应用优势，促进人工智能与传统产业融合发展。因此，本文基于相关数据和案例深入分析人工智能与传统产业融合发展的现状及模式，并提出如下几点建议。

**打造"基础、技术和应用"三位一体的技术链**。中国人工智能技术在应用领域发展迅速，但在基础层和技术层相对薄弱，因此，在基础层，政府应优先支持智能软件与智能芯片等产业发展。为促进人工智能产业软硬件协调发展，应大力支持人工智能的软件创新升级，加快软件计算平台建设，着力建设智能终端操作系统。引领发展人工智能产业的核心芯片，推进高端处理器芯片自主研发，重点面向无人系统、智能影像、医疗养老等商用的芯片技术。技术层应加强共性技术的攻克。例如，上海市在共性技术的突破上，已经形成集中提升智能感知技术，包括视觉、听觉、触觉等的准确性，开发不同生命体的特征识别系统，优化数据挖掘、深度学习、多模数据理解等核心算法，强化多领域计算处理技术，重点推进面向自主无人系统的智能技术研发。应用研究不断强化优势，推动中国在人工智能领域的芯片、云端、算法等核心技术的重大突破，在人工智能理论研究、技术应用和产业发展方面跻身于世界城市前列，打造"基础研究、技术研究和应用研究"三位一体的技术链和产业链。

**重视人工智能产业高端人才的引进和培育**。一方面，提升公众人工智能方面的意识，着重在教育普及与学科建设方面培育新生力量。在人工智能教育方面，应在学校设置不同层次的计算机编程教学，学习用编程解决实际问题，培养计算思维、创新思维等信息时代的基本素养。在人工智能学科建设方面，应积极探索实践"新工科"，将学生的兴趣和社会需求结合起来，将人才培养模式与国家重大发展需求结合起来。通过人工智能与教育的深度融合、大力推进交叉学科发展，进一步提升人工智能技术的科创能力和促进人才培养模式转换。另一方面，加强校企联系，支持本地高校、科研机构与企业联合培养人工智能人才，合作开设人工智能专业课程、设立人工智能研究院、建立和充实中国各地区人工智能人才库。加快完善人工智能人才引进政策，对于符合条件的人才和核心团队给予高标准奖励措施，配置合理的工作机制和社会保障，集聚人工智能领域各类优秀人才。

**完善数据体系建设，制定数据开放管理政策。**中国拥有大量全产业覆盖的互联网企业，用户行为数据的体量放到全球而言都有巨大优势。当前，人工智能企业已经借助大体量数据取得了一定的成功，但是数据作为一种生产要素、一种战略资源，目前数据的质量、数据保护程度、数据可供使用的前提和可能性还需要政府培育，需要政策法规和立法层面的保护。比如，针对互联网数据的霸权主义实施更加严格的惩罚措施，政府对于部分数据采取定向披露的原则、通过龙头企业公开部分难以获得的行业及企业数据、出台法规做好群众的个人隐私保护等，打通跨场景数据流，完善数据体系等基础设施的建设，营造最适合人工智能产业发展的环境。

**深挖场景应用，拓宽"智能+"在传统行业的应用。**人工智能平台化发展是目前的主流趋势，未来人工智能将呈现若干主导平台加广泛场景应用的竞争格局，构建人工智能生态将成为促进产业发展的重要模式。因此，政府应依托科技巨头企业的研究力量，加快布局人工智能创新应用示范中心，打造人工智能科技成果转化引领区，并通过政府牵头举办、企业协办国际级人工智能大会、创新大赛等活动，组建人工智能企业创新联盟，提高影响力，打造具有国际竞争力的产业生态体系，吸引全球科研机构和创新企业的集聚。

**参考文献**

［1］吴军. 智能时代 [M]. 北京：中信出版社，2016.

［2］黄群慧. 改革开放 40 年中国的产业发展与工业化进程 [J]. 中国工业经济，2018(9):5-23.

［3］克劳斯·施瓦布. 第四次工业革命：转型的力量 [M]. 李菁，译. 北京：中信出版社，2016.

［4］蔡自兴，刘丽珏，蔡竞峰，等. 人工智能及其应用（第 5 版）[M]. 北京：清华大学出版社，2016.

［5］FEIGENBAUM, A.. The Art of Artificial Intelligence.I.Themes and Case Studies of Knowledge Engineering：Proceedings of the 5th international joint conference on Artificial intelligence-Volume 2[R].Morgan Kaufmann Publishers Inc,1977:1-19.

［6］蔡自兴. 中国人工智能 40 年 [J]. 科技导报，2016,34 (15): 12-32.

［7］蔡昉，王美艳. 从穷人经济到规模经济——发展阶段变化对中国农业提出的挑战 [J]. 经济研究，2016,51(5):14-26.

［8］何玉长，方坤. 人工智能与实体经济融合的理论阐释 [J]. 学术月刊，2018,50(5):56-67.

［9］吕铁，韩娜. 智能制造：全球趋势与中国战略 [J]. 人民论坛·学术前沿，2015(11):4-17.

［10］田丰，任海霞，PHILIPP GERBERT，等. 人工智能：未来制胜之道 [J]. 机器人产业，2017(1):76-87.

# 中小企业的数字化成长路径与能力建设

程大为

中国人民大学经济学院教授

我国数字经济迅猛发展，已成为全球第二大数字经济体。根据《数字中国发展报告（2020年）》，截至2020年年底，中国网民规模增长到9.89亿，已建成5G基站71.8万个，数字经济核心产业增加值占GDP比重达到7.8%。"十四五"规划进一步明确要求数字经济核心产业增加值占GDP的比重要由2020年的7.8%提升至10%。

2020年，习近平总书记在浙江考察时强调，"要抓住产业数字化、数字产业化赋予的机遇，加快5G网络、数据中心等新型基础设施建设""抓紧布局数字经济、生命健康、新材料等战略性新兴产业、未来产业"。习近平总书记指明了数字经济中存在的产业数字化和数字产业化两大机遇。中小企业是推动我国经济发展与就业的重要力量，应把握机遇转型发展。

## ▶ 数字经济创造出多种新经济形态

数字经济是农业经济、工业经济之后的一种经济形态，它是利用通信技术、人工智能技术等，以数字为要素，以互联网为载体，优化产业活动的新经济形态。在数字经济中，数据将会像土地、劳动力和资本一样，成为经济要素，驱动新一轮的生产力增长与生产方式创新，一批新兴产业将应运而生，并形成独特的数据价值链，如图 3-3 所示。

| 数据 | 内容 | 线上服务 | 技术服务 | 连接 | 用户交互 |
|---|---|---|---|---|---|
|  | 商业内容<br>用户生产<br>的内容<br>（UGC） | 社交内容<br>娱乐平台<br>电子商务 | 网站设计<br>支付服务<br>广告软件 | 网络接入<br>核心网络 | App 应<br>用硬件<br>（手机、<br>电脑等） |

图 3-3　数字价值链及新兴产业分类

数据是价值链的驱动要素。数据包含许多方面的数据内容，蕴含着无法估量的经济价值，全面掌握数据就等同于掌握了较为丰富的信息资源。对数据的处理，导致内容产业的诞生，数字内容产业将文本、图片、视频与音频等内容，运用数字技术手段整合成新的产品或者服务，其打破了传统产业的边界。电影、电视、报业等传统产业已经突破了固有商界，成为横跨通信、娱乐、媒体及文化艺术的新产业，诞生了网络视频、直播、自媒体等新业态。

线上服务是数字价值链的重要环节。以平台为例，平台是可以容纳各类参与者的开放式生态系统，平台市场支持了数百万供应商，创造了足够多的产品种类与价格竞争，吸引了庞大的用户群，加上由算法驱动的自动化处理流程，平台实际上可以把边际成本降为零。从全球市场看，数字平台为跨境经营开启了新的可能性，为企业提供了巨大的内置用户基础及有效连接，使中小企业能够直接参与全球市场。

数据价值链的价值源自数据本身，这就意味着数据技术是数据价值发现的重要支撑，技术服务包括提供数字技术支持、支付服务，网站设计、广告等。以云计算为例，目前，SaaS 和 PaaS 已经成为云计算市场的主力产品，按需应用、按需付费的模式方便了中小企业的云计算使用，企业在应用时，无须购买任何硬件，也无须配备专业技术人员。

数字价值链上亦包括网络和实体交互连接、用户端接入环节。5G、物联网的入口被认为是数字经济的"新型基础设施"，是提高企业运营效率的基本保障。在网络和用户连接的最终环节上，新产业新商业模式不断涌现，各种应用程序的发展是用户接入环节创新的例证。进入物联网时代，智能穿戴设备可以检测心跳、睡眠等人体参数，将数据通过物联网卡传输到平台层，平台层再对数据进行汇总分析，支撑智慧医疗的诊断。

## ▶ 中小企业应抓住数字产业化的机会

数字产业化是数字经济发展的根基、动力源泉，基于数字价值链，众多新兴产业蓬勃发展。"十四五"规划明确了推动数字产业化的方向，包括以下几类产业。

**云计算、大数据、物联网、工业互联网、区块链、人工智能、VR/AR 以及网络安全等新兴数字产业，这些是数字经济的关键技术产业。** 一些真正的颠覆性企业正在抽取产业价值并将其免费提供给用户，例如，微信通过提供免费语音，将国内国际通话的利润转移给了用户。中小企业很难成为颠覆性技术的创造者，其成功将取决于是否能创造性地使用新技术，共享技术，创造低成本优势。中小企业还应将数字技术渗透整个生产过程，通过对数据的挖掘、分析、整理，对整个工作环境、生产流程，做出相应的判断与评价，提高工作效率。

**基于 5G 的智能交通、智慧物流、智慧能源、智慧医疗产业，这些是数字化的重点示范产业。** 在 5G 基础设施环境中，高频、低时延的网络使物物相连成为可能，各种智能设备将迎来高速发展时期，汽车可增加新功能，如实时监测司机的健康状况、结合路况提供全触觉/4D 视频或游戏，这是智慧医疗、智慧交通的一个小的应用场景，类似的新场景新应用将不断涌现。

**电商、社交、第三方大数据等服务产业，这些产业关系共享经济、平台经济的发展。** 中小企业应更新平台理念，抓取新机遇。例如，在共享经济领域，共享经济整合了一些分散的资源，中小企业要学会低成本使用技术和服务；在物流领域，中小企业更会迎来智能化发展机遇，预计到 2025 年，智慧物流市场规模将超过万亿元，随着农村电商的快速发展，在国家扶贫战略下，"工业品下乡、农产品进城"双向渠道的建设将带来农村电商物流业发展良机；在零售领域，随着社交渗透生活中的各个场景，中小企业可以通过社交媒体、社交电商与消费者互动，通过线上社交生态来影响消费者的决策。

## 中小企业应抓住产业数字化的机会

数字技术向传统产业下沉，将加速传统产业转型升级，同时也可以借助传统产业巨大的产业底盘提升数字经济在 GDP 中的比重。"十四五"规划明确要求推动数据赋能全产业链协同转型，深化研发设计、生产制造、经营管理、市场服务等环节的数字化应用，培育发展个性定制、柔性制造等新模式。

数字化赋能传统企业的价值链各环节是产业数字化的重要内容。连接、协同成为传统企业数字化的基本特征。人与人、人与机器、机器与机器，人与企业、企业与价值链的相关企业之间的许多信息都是智能相连的。这种连接打破了企业内部组织的物理边界，拓展了企业活动的外延，使企业组织内部协同管理成为可能，也使产业链上各类企业协同成为可能。

在生产制造环节，数据技术能够支持小批量、多品种、快速反应定制生产模式。在用户端，数字技术会提升企业对用户的洞察能力，借以实现智能研发、智能诊断、智能控制和智能生产。基于数据支持，企业可以强化传统车间的智能化生产能力，实现设备的操作智能化、编程智能化和服务智能化。数据可以成为生产调度、在线经营分析、生产资源调度的决策依据。

在库存管理环节，根据麦肯锡研究院的研究，基于人工智能的需求预测方法有望将由于产品缺货而导致的销售损失减少 65%，与运储和供应链管理相关的成本预计将分别下降 10% 和 40%。

在销售环节，企业可以应用数据技术，根据用户的购买历史、年龄、网页浏览习惯和其他的大量数据来寻找关于用户所喜欢商品的线索，定制营销策略。数据对传统产业的赋能，将在数据支撑、算法优化、场景适配等多重动力支持下不断强化放大，释放传统企业的利润增长空间。

## ▶ 塑造中国中小企业的独特数字能力

中小企业把握数字经济浪潮具有诸多益处。第一，数字技术是对劳动、资本等生产要素效率的再提升。数字技术部分解放了劳动力，让劳动力专注于自己更具优势的工作上，实现对人类脑力的解放和提升。第二，数字技术越来越具有灵活性，技术创新与商业模式创新将齐头并进，有助于企业在智慧医疗、智慧物流等产业寻找到新的增长点。第三，借助互联互通、智能网络平台，中小企业能够解决大量复杂的跨行业业务，表现出更高的生产与服务效率。第四，数字化产业的快速发展增强了中小企业的自我学习能力，有利于企业保持创新活力。

中小企业应审视自身是否拥有进行数字化竞争的合适资产和数字化转型的能力。整体来看，我国中小企业的数字技术水平仍待提高。多数传统中小企业，尤其日用消费品、食品、服装等为代表的劳动密集型中小企业处于数字化的初始阶段。中小企业的数字化改造是一个长期过程，可以从以下四个方面发力。

第一，培养创新能力。在美国硅谷，70%的创业公司都是技术驱动型，而在中国，超过90%的创业公司依靠商业模式来驱动，中国中小企业应进一步提升技术创新能力。

第二，利用已有的平台经济优势，塑造持续发展能力。"十三五"期间，我国网络零售，从2015年的3.88万亿元增长到2020年的11.76万亿元，增长超过 2 倍，规模优势逐步扩大。新冠肺炎疫情暴发以来，在线教育、网络支付、网络直播等数字化新平台加速创新扩张。中小企业应参与多平台竞争，获得持续发展的机会。

第三，加速数字化赋能，做好传统应用和数字技术的协同。在研发中，充分利用实时大数据，对现有设计进行修正，深耕个性化研发；在生产中，加强对设备管理形成的数据、企业生产形成的数据进行整合，对数据进行分析挖掘，实现价值挖掘和生产协同；在企业内部管理中，对企业各项业务的具体情况进行掌控，以数据为支撑，加强各项业务协同管理。

第四，加强与不同国家、不同行业的企业协同能力建设，鼓励中小型企业成为微型跨国企业。实践证明，如果商业模式建立在数字技术基础之上，即使那些规模小、成立时间短的企业也能够实现全球愿景。数字化驱动的创业公司可以是"天生国际化的"，从成立伊始就与国际客户、供应商、资本和顾问建立联系。数字平台为中小型企业提供了便利的全球基础设施，并使企业天然拥有庞大的内置用户基础，任何一个拥有连接的企业都可以利用云软件的可得性与廉价的云端计算能力来开拓业务，成为跨国界、跨领域的微型跨国企业。

# 准确把握传统企业数字化转型的阶段性特征

*武常岐*

北京大学光华管理学院组织与战略管理系教授

伴随着信息通信技术的进步和计算机的广泛应用,"数字"已经成为一种必要的生产资料和企业运营的重要内容。以传感器为代表的感知技术把现实世界中的各种事物以及经济活动以数字的形式再现出来,通过大数据、云计算、人工智能和机器人技术创造了新的价值,形成了数字技术的产业链和价值环。这些数字技术的探索者通过对数字技术的理解将其与经济和商业活动结合,极大地提高了生产力,推动了相关业务发展,形成了快速成长的以数字技术为基础的新行业。然而,传统企业则面临着巨大的危机,如何在快速发展的数字革命大潮中,把握机会、平稳转型、顺势发展,关系到千万家企业的生存和发展,特别是作为中国经济支撑的传统制造业。

"十四五"规划中明确提出加快数字化发展,以数字化转型整体驱动生产方式、生活方式和治理方式变革,并积极发展以信息通信和数字技术为基础的新基建，为企业数字化转型发展夯实基础，为传统企业高质量发展提供技术平台。然而，传统企业和企业家对于在数字化转型过程中必须要进行的组织变革，以及新的按照数字流动模式下的组织形式和激励机制的调整还没有足够的准备。虽然各行业领军企业在数字化转型过程中取得了良好的进展，但在我们最近对于中小微企业的调查中发现，大部分的中小微企业还处在迷茫之中。由于这些企业的数量众多，在数字化的冲击下，这种情况将会影响到我国经济未来的高质量发展，进而对于创造高质量的就业也会产生影响。

## ▶ 传统企业数字化转型的现实意义

传统企业的数字化转型涉及企业高质量发展的众多方面，除了企业领导者对于数字技术的认知，还包括企业长远发展目标和战略、企业组织层面的变革与转型以及数字化转型的内部驱动力等诸多因素。而这些因素都会影响到数字化转型是否能够实现公司转型的初衷。

数字化是一个过程，是将组织产品和服务的核心转变为可被创造、可被存储、可被以字节的形式转运的数据集的过程，这一过程伴随着这些要素携带着的用于营销、销售或其他的信息。换句话说，数字化最本质的地方在于数字化是基于数据这一要素之上对现有资源的重新整合，是一个组织层面的概念。企业的数字化转型实际上是利用数字技术来改造和革新现存的生产过程、商业模式、企业文化、顾客体验等各个方面，以期满足不断更新的市场和商业环境的要求。

近年来，随着国家对数字经济的政策支持，越来越多的企业管理者对"数字化、信息化、智能化"抱有前所未有的期待。例如一些医疗企业建立各类"疫情地图"和"联防联控平台"，充分利用数据技术开展数字化疫情防控工作。不仅仅局限于医药行业，任何一个行业的企业都可以利用数字化技术，分析疫情防控常态化带来的市场问题，分析客户需求新趋势，发现产品短板，加速数字化转型。可以预见，传统企业数字化转型的需求在"十四五"期间将得到充分释放。尽管大多数企业都意识到了数字化转型的重要性，但是它们对于从何处开展、如何开展数字化转型却缺乏了解。具体来说，传统企业在面对数字化转型的过程中，除了面对技术进步带来的压力之外，更大的挑战在于面对爆炸式增长的数据资源，如何高效地整合协调乃至构建一个多元的智能组织。

## ▶ 企业数字化转型的三个阶段

转型首先会经历一段战略决策的制定过程。企业转型发展中的组织调整和行动驱动决定了组织转型是一个连续的过程。转型的决策过程是一切路径设计的起点，但更重要的是此后企业的路径设计和组织实施。基于我们的研究，一般来说，成功的数字化转型需要经历三个阶段，分别是试点期、拓展期及整合期。其中试点期是数字化转型的初始阶段，开始于局部端的数字化；而到了拓展期，企业应该打造自己的平台，使技术与组织结构之间变得协调一致；在整合期，数字化转型将以生态系统数字化为最终目标。这三个阶段有其各自独有的特征，同时又是互相联系的，决定着企业数字化转型的延续性及过程性。

试点期，顾名思义，发生在数字化转型的早期。这一阶段的典型实践是局部端口的数字化。由于在实施数字化转型前期，组织的结构是相对松散的，跨部门之间是割裂的状态，因此试点期对于组织整体能力的要求是最低的。局部端口可以指涉企业组织内的任意端，例如供给端（如供应链的数字化、生产线的数字化等）或需求端（如顾客服务数字化、市场调研数字化等）。需要注意的是，在早期，需求端和供给端是彼此独立的，且二者的运作逻辑各有侧重，这区别于接下来的拓展期。对企业而言，他们需要在不同端尝试数字化，例如通过信息化数字化的发展规划，先进入智能制造的萌芽期，开启数字化之路。此后，通过业务流程再造计划，对企业内部进行改造，对现有流程再设计。同时逐一实现集团内部，采购、仓储、生产、销售、财务与成本等环节的数字化搭建。而在企业外部，也须着手对客户端进行数字化改造的尝试，如通过搭建 B2C 电子商务平台等手段，实现及时根据用户的需求、收集各方信息，不断对产品的设计、功能进行改进。试点期的驱动力主要来源于技术进步和外部环境，这一阶段的关键要素是数据的积累。

当企业在不同的分散的端口积累了一定的数据和经验之后，企业就进入了平台数字化阶段，即拓展期。在这一阶段，企业的注意力集中在分配其所握有的在不同端现有的及潜在的各类数据资产，问题的焦点在于如何把这些不同环节的数据资源联系起来。这一实践背后的逻辑与平台经济相类似：首先，平台促进了不同环节和不同主体之间的交流、增强了彼此之间的匹配程度。同时，由于平台具有特殊的互操作性，使得平台能够提升彼此连接的不同单元之间的经济行为效率。平台将供给端和需求端连接在一起，从而降低了公司内部沟通成本和协调成本。

数字化转型的最后阶段是建造数字化的生态系统，即整合期，目前大多数企业还距这个阶段较远。生态系统数字化与前两个阶段相比，对组织整体提出了更高的要求，因为它更加强调企业的整合能力和编排能力。与拓展期不同，整合期建造生态系统需要在平台之上，通过连接多个平台，实现平台间资源的共创共建和增值共享。例如海尔已经将数字化转型过程界定为"智家定制生态圈""触点迭代生态圈""产城融合生态圈"等若干生态圈的结合。生态是平台及要素碰撞迭代的系统，生态系统的建成需要各个平台之间的链主企业做深做透、形成行业子平台，要求能够与行业头部企业共创，提高生态系统的竞争能力。通过平台之间的碰撞和迭代进化建造生态系统，使得企业可以在整个产业链中互通有无，即实现全产业的统合。

## ▶▶ 传统企业数字化转型要注意的五个方面

通过对于企业数字化转型三阶段过程的描述，传统企业在数字化转型的实施过程中要特别注意以下五个方面。

第一，数字化转型要与企业的长远战略目标高度吻合，并且主要依靠自身的力量去实现。企业要有长远发展的定位和目标，通过数字化转型提升企业现有业务的效率，或是通过数字化转型完成企业业务的拓展。第二，数字化转型会极大地改变企业内部组织结构和职能分工，要在组织内部逐步树立信心，突出数字化转型的成效，形成转型的内在驱动力。第三，要明确信息技术与运营技术融合是数字化转型的基本特征。同时，必须明确数字化转型不是简单地将数字技术运用到现有的工艺流程，而是基于数字和信息的能力重塑整个供应链和价值链，为企业赋能。第四，企业数字化转型是一个艰巨的工程，分步实施的渐进式过程比激进的转型过程取得成果的可能性要大得多。第五，数字化转型过程中数据成为公司的重要资产，数据来源于企业本身，企业要注意数据的采集和分析，只有在企业自身积累大量数据的基础上，工艺流程才能有效得到改进。

在数字化时代创新和变革是企业未来发展的重要前提，把握数字化转型的正确方法和路径，需要对传统企业数字化的战略、方法和机制等方面进行深入分析研究与实践探索，聚焦"数字时代对企业有什么新要求""企业应采取何种行动，确保将自身打造成真正的数字化企业"两个主要问题展开研究论述，系统解决企业数字化转型的战略问题。

# 第四章

# 做有担当的中国企业家

改革开放以来,我国涌现出一大批优秀爱国企业家,他们对国家怀有深厚的感情,把企业发展同社会进步、民生福祉紧密相连。作为社会的稀缺资源和企业的核心人物,企业家要成为转变思想意识、打破体制束缚、提高生产效率的有力实践者,要成为经济责任、法律责任、社会责任、道德责任的忠实履行者。

# 中国企业家的时代担当

邓向荣

南开大学经济学院教授

在 2018 年的《财富》杂志发布的"世界 500 强"排行榜中，中国有 120 家企业榜上有名，仅次于美国的 126 家。而中国企业第一次出现在这个榜单上是在 29 年前，即 1989 年"中国银行"首次出现在"世界 500 强"榜单中。中国企业在这个具有广泛关注度的榜单上，从无到有、从少到多的过程，可以看作是中国企业发展中一路高歌猛进、不断创造财富增值奇迹的过程。更重要的是，企业的发展与壮大代表了一个国家经济增长与强盛的前进历程，它是多种因素共同推进的结果。对转型发展中的中国来说，在不同的历史阶段，企业家的担当精神是促成中国转型发展与企业成长的重要力量。

## 企业家的担当为何具有重要意义

按照新古典经济学的观点，社会生产活动必备的四种投入要素，包括土地、资本、劳动力与企业家才能。其中，企业家是整合各种投入要素，进行生产的组织者和决策者，同时也是承担一定风险进行创新和实践的开拓者。企业家精神在西方经济学和商业领域中享有极高的荣誉，被视为推动企业发展与社会进步的重要力量。同样，对1978—2018年的中国来说，从僵化的计划经济体制的瓦解，到融入全球化竞争的市场经济的建立，中国企业家在这个过程中的作用和贡献是不可替代的。

从中国改革开放的实践看，一方面，在创造利润的基本诉求下，企业家是转变思想意识、打破体制束缚、激发企业生产效率的最有力的实践者。由于特定的历史阶段和思想束缚，第一代企业家身上体现出的革故鼎新的开拓精神，或许并不容易被当时的价值观念所理解与包容。在产权清晰化过程中，他们可能背负着国有资产流失的罪名；在激发企业效率上，他们需要有与时俱进的管理理念。另一方面，当新的事物出现与新的时代到来时，企业家是新的市场机遇中最敏感的发现者。无论是商品短缺年代的新产品提供者，还是借助互联网红利创业的先行者，社会总财富扩大中总有他们的身影。党的十九大报告指出，"今天，我们比历史上任何时期都更接近、更有信心和能力实现中华民族伟大复兴的目标"。但我们也应当看到，在经历40多年的快速发展与财富积累后，当前的中国面临着复杂多变的国际形势，需要进一步深化改革、扩大开放，实现转型发展与增长动力转换，推进中国产业迈向全球价值链中高端。这对新时期的企业家担当精神提出了新的要求。

## 第四章 做有担当的中国企业家

### ▶ 不同时期的企业家担当有何不同

在改革开放初期，僵化的计划经济体制和思想束缚是横亘在中国经济发展道路上的最大障碍。那时涌现出的企业家如首钢的周冠五、浙江海盐衬衫厂的步鑫生等，因为大胆突破管理体制的束缚，激发企业生产积极性而名声大噪。他们在商品短缺、物质匮乏、企业管理涣散、生产效率低下的20世纪80年代，敢于扔下思想包袱，打破落后体制的束缚，提高生产效率、创造更多的物质财富，这正是那个年代企业家最宝贵的时代担当。而在商业氛围逐渐浓厚的20世纪90年代，提升产品质量、树立品牌意识和提高创新能力，则是新形势下企业家应具有的不同于改革开放初期的时代精神。在互联网大潮到来后，将互联网模式与传统制造业进行革命性融合，继而推进中国经济转型升级的路径突围与动力转换，又是赋予新一代企业家的时代特征。中国在不同的时代给出了不同的机遇和使命，让一代代企业家用自己的方式去担当与解答。

如果说，几十年前，中国内在的改革阻力是僵化的计划经济体制，大破必能带来大立。对既有秩序的破坏本身具有天然的道德性，甚至"时间就是金钱"。曾经，一些游走在法律边缘与灰色地带的企业家被尝试性地容忍，个别违法案例在公众的讨论之下不了了之。那么，在新的历史时期，中国转型发展的条件、环境和机遇已经发生了根本性的变化。经历了几十年的快速增长后，中国已成为世界第二大经济体，2017年人均GDP已经超过8800美元。也就是说，当中国已经阶段性地完成了财富积累的目标，越来越密不可分地融入全球一体化的现代进程后，新的法治的市场秩序与公平竞争的市场环境成为新时代中国转型发展的基本诉求，构建中国现代契约型社会的迫切性日益凸显，这对新时代的企业家的担当提出了新的要求。

然而，从现实的情况来看，当前的企业家担当与中国转型发展所呼唤的企业家精神还存在一定偏差。具体从以下两个方面来考察。

一是在"走出去"的国家战略方向上，企业家要表现出敢为人先、有所作为的担当精神。全国工商联发布的民营企业500强研究报告显示，在2017年500强民营企业中，有274家参与了"一带一路"建设，实现海外收入（不含出口）7900多亿美元。国家信息中心数据显示，2017年民营企业与"一带一路"相关国家的进出口总额达到6000多亿美元，占与"一带一路"相关国家贸易总额的43%。央企"走出去"的项目多为设计、工程、售后服务等产业链上的承包项目，与此相比，民营企业在"一带一路"建设中的竞争性不足、创新意识薄弱、人才队伍缺乏、海外投资的专业性不强。

二是企业家在构建适用新时代的有序法治社会中的担当精神不够突出，国家的社会信用体系与新时代经济社会发展的要求还有明显差距。例如，商业欺诈、制假售假、偷逃骗税、食品安全事故等在经济社会中具有明显的负外部性，同时也影响了中国的国际形象。因而，社会上的企业失信问题有待进一步规范和约束，社会契约精神需要企业家积极引导与倡议。

在很大程度上，新时期的企业家创造了无数的财富神话与激人奋进的创业故事，成为新时期经济增长与商业模式的重要推动者，但是与新时代相适应的新的担当精神，依然呼唤企业家进一步的承担与诠释。

## 发扬以自主创新与技术变革为己任的先锋精神和以推动产业高质量发展、拓宽消费升级新渠道为目标的敬业精神

在改革开放以来40多年的企业成长史中，部分企业以一种较为激进，甚至野蛮的方式来进行财富积累，他们把赚取更多的企业利润作为主要目标，忽视了生态环境的承载力，突破了行业的基本伦理和道德底线，违背了现代企业运作的商业规范和契约精神。有的企业甚至游走在法律的边缘和盲区，以一些灰色的渠道和手段来达到个人目的。但随着中国成为世界第二大经济体，国际影响力持续扩大，中国改革进入了"深水区"，原有的许多发展模式和路径已经难以为继。

因而，依靠技术创新与变革形成新的经济增长动力，促进产业迈向全球价值链中高端，构建新型的契约型社会与法治的市场环境，处理好人与自然的关系，是实现中国长期发展目标的保障。这对当前和以后很长一段时期的企业家担当精神，提出了新的要求和期待。笔者认为，新时代的企业家担当应表现在以下几个方面。

引进、消化、吸收、再创新的发展模式有效降低了后发国家进行创新研发的机会成本和不确定风险，被视为是后发国家加快技术追赶和经济增长的优势。但是，当中国在经历了几十年的快速发展后，这种"后发优势"在中国已经难以为继。一方面，中国在许多领域已经成为世界的领跑者，越来越多的中国公司成为全球同行业中的规模冠军。曾经的追随者变成了现在的被追随者，身份角色的变化和世界行业中的领先地位，在客观上要求中国企业必须进行前沿领域的探索和开发。另一方面，从全球产业价值链来看，西方发达国家掌握了中国目前并不具备的许多重大核心技术，中国在多个核心

技术领域的突破还有很长一段路要走。正如习近平总书记在2018年中国科学院第十九次院士大会上所指出的那样，"关键核心技术是要不来、买不来、讨不来的"。此外，不断发酵的中美贸易摩擦，在某种程度上被视为是对崛起的中国进行的一次技术围堵，使中国企业曾经热衷的"市场换技术"模式更加难以为继。机遇与挑战同时摆在中国企业面前，积极寻求自主创新与技术革新就成为新一代企业家应有的担当精神。

随着收入水平的提高和财富积累的逐渐增多，人们会自发地产生对更高生活质量的需求以及产生公共健康意识的觉醒。人们越来越关注添加剂、转基因、纯天然等概念，而强加工型、含有大量添加物的食品或油炸类食品被视为"垃圾食品"，它们逐渐在中产阶层的崛起中丧失"廉价"的优势。当消费升级成为新时期新中产阶层的共同趋势时，健康环保的产品理念与注重用户体验的消费观念，逐渐成为企业竞争与发力的新方向。

此外，自2012年以来，农民工总量增速逐渐回落，"人口红利"逐渐消失，劳动力成本逐年上升，劳动密集型产业在中国逐渐失去比较优势，产业转型升级是摆在中国企业面前的必然选择。在新的历史时期，具有担当意识的企业家应当顺应国家转型发展中新旧动能转换的大趋势，用产业高质量发展的新理念促进产品质量提升，以产品质量提升匹配消费升级的新需求。以提升全球产业价值链的产品开发作为新的盈利渠道，用经济高质量发展的新思维探索新的商业模式，从而促进产业质量与消费质量的不断优化。

## 提高生态环保意识，建设绿色宜居生态城市；提升文化产业发展新高度，促进中华优秀文化"走出去"

中国经历的几十年的快速发展，是以迅速提高经济增长速度为目标的总量扩张模式，对环境破坏的长期容忍逐渐突破了生态环境承载力的底线，因而以牺牲环境为代价的粗放式发展是不可持续的。当经济进入新常态，中国进入新时代以及经济总量已经得到大幅提高之后，转变经济发展模式，坚持"绿水青山就是金山银山"的理念是中国未来长期的战略选择。新时代的企业家应当在这一理念下，积极探索"人与自然"和谐相处的商业模式和盈利渠道，在创造企业利润的同时，改善人与生态的关系。当生态环保逐渐成为新时代人们生产、生活的基本需求时，企业家能够以新的视角、新的方式实现生态与生产的有效结合，这是新时代企业家担当的另一种重要体现。

中国拥有灿烂而悠久的历史文化，这是中华文明源远流长的宝贵财富和中国文化自信的根基所在。人们在满足物质文化需求后，精神层面的追求和享受会逐渐凸显，这就促进中国文化产业大发展迎来黄金时期。新时代，在文化产业大发展的新机遇下，企业家需要担当起弘扬优秀传统文化的重任，积极传播反映当代中国价值观念、中国人审美追求的优秀作品。正如习近平总书记在文艺工作座谈会上所指出的那样，"一部好的作品，应该是把社会效益放在首位，同时也应该是社会效益和经济效益相统一的作品"。文化创意产业发展的机遇与挑战并存，企业家的新时代担当也体现在两方面，一方面，摒弃文化产业传承过程中与中国优秀的文化内涵不相适应的错误观念，凸显中华文化精神的核心要义；另一方面，打造具有国际影响力的文化创意产业，拓宽海外市场渠道，促进中华优秀文化"走出去"，以成熟的文化产业带动文化输出能力的大幅提升。

倡导契约型社会建设，健全有序的法治市场环境。中国企业自身的长久发展与规范化治理体系，离不开有序的法治市场环境。中国融入全球产业价值链，参与更加广泛的国际市场竞争，也需要相对成熟的契约型社会氛围。契约型社会被称为陌生人社会，与之相对应的是关系型社会或熟人社会。著名社会学家费孝通先生在《乡土中国》一书中指出，在中国传统的社会文化中，人际关系组成了一张复杂而庞大的关系网络。在关系型社会中，"熟人"织就的关系网络，可以打通关节、疏通关系、解困排忧，同时也可以寻找捷径、超越规则、营私舞弊，甚至徇情枉法。这种关系型社会对改革开放以来40多年中国企业的发展产生了深远的影响。但是，在新时代，中国市场在不断开放，不断融入全球一体化的发展进程，企业间的竞争不仅局限于本土企业之间，因此，遵守国际市场秩序也应是中国企业参与国际竞争与赢得世界尊重的必要条件。新时代的企业家应维护法治化市场秩序，建立成熟有效的社会契约精神，履行社会诚实守信原则，成为中国企业现代化与国际化的时代担当。企业家形成对社会契约精神与法治市场原则的敬畏之心，并融入企业经营运转的过程，也是时代赋予新时期企业家的重要使命。

# 中国企业家的时代使命

高明华

北京师范大学公司治理与企业发展研究中心主任,经济与工商管理学院教授、博士生导师

  中国改革开放已经走过 40 多年,这 40 多年的成就无疑是巨大的,而成就的取得离不开企业家的努力,因为企业是经济活动的细胞,是创造财富的主体,而企业家则是保证企业高效发展的核心。何谓企业家?不同的学者有不同的看法,难以给出一个精确的定义。比较经典的定义是,政治经济学家约瑟夫·熊彼特把新组合的实现称为"企业",把以实现新组合为职能的人们称为"企业家"。约瑟夫·熊彼特所指的企业家是创新者,因为实现生产要素的新组合就是诸多创新行为。进一步说,企业家是指具有常人所不具备的人格特质,能够进行"创造性破坏",具备敏锐的洞察力去识别商业机会,并能承担企业风险和创造收益的企业经营管理者。不过,随着社会文明的进步以及全球经济一体化的发展,企业家的时代担当增加了一些新的含

义，除了创新，战略领导能力、合规意识和社会责任也是企业家必须具备和承担的。

## ▶ 企业家创新能力：企业发展的永恒主题

企业的发展需要创新，创新越活跃，企业发展就越充满生机和活力。企业家通过创新来衡量自身作为革新者所必须具备的品格和素质，并以此来体现企业家与一般管理者的不同。可以这样认为，创新是企业家精神的核心。

谈到创新，人们的第一直觉可能就是技术创新。但其实，技术创新仅仅是创新的一个方面。约瑟夫·熊彼特把创新分为产品创新、技术创新、市场创新、原材料供应或生产方式的创新、组织创新五个方面，其中组织创新也可以称为制度创新。这五种创新是彼此联系而不是彼此孤立的，尤其随着技术的发展，五种创新越来越紧密地联系在一起。其中，制度创新和技术创新是最为关键的，没有制度保障，其他方面的创新就可能只是昙花一现，难以为继。试想，华为如果没有一以贯之的员工持股制度，就不可能吸引那么多的高端人才，在技术上也就不可能有"进入无人区"的豪言；当然，华为的员工持股制度并非唯一支撑其技术提升的制度。

技术创新确实最容易衡量，也是经常被拿来评价一个企业持续发展能力的指标，同时，技术创新也反映一个企业家的长远战略眼光。需要注意的是，企业家技术创新并非企业家身体力行进行技术创新，而是他们所领导的企业或团队的技术创新。技术创新通常以企业研发投入占企业营业收入的比例（研发投入强度）来衡量。以上市公司为例，据笔者统计，截止到2017年12月31日，在2641家上市公司的样本中，研发投入强度平均为4.52%，其中国有控股公司为3.22%，非国有控股公司为5.04%，国有控股公司明显低于非国有控股公司，这与国有控股公司规模通常大于非国有控股公司有一定关系。研发投入强度达到5%以上的公司占比为26.88%，达到10%以上的公司占比为8.52%，达到15%以上的公司占比为3.79%，达到20%以上的公司占比为2.04%。在研发投入强度达到5%以上的公司中，非国有控股公司占81.55%。可见，不论从总体看，还是从不同所有制企业看，我国企业家技术创新水平都很低，国有控股公司更低一些。而发达国家，尤其是日本和美国，公司研发投入强度超过20%是比较普遍的现象，有的甚至超过40%。显然，目前我国低水平的技术创新难以适应全球经济一体化的竞争格局。

企业家技术创新水平的提升，除了自身因素，更重要的因素还有两个方面。一是竞争压力，没有足够大的竞争压力，就难以产生技术创新的动力。但竞争压力未必一定会催生技术创新，也可以通过移植别人的技术来缓解。然而，在越来越强化知识产权保护的国际环境下，企业移植别人技术的空间越来越狭小，而且不可能完全依赖别人的技术而立于不败之地。在这方面，"中兴通讯事件"所引发的冲击波是一个深刻的教训。二是国家有足以激发企业家技术创新欲望的制度安排。技术创新需要企业具有很强的创新能力和创新欲望，创新能力可以通过教育培养出来，而创新欲望则不是靠教育培养出来的。我国企业不缺创新能力，缺的是创新欲望。为什么缺少创新欲望，是因为现有制度环境对人的创新欲望还有太多的禁锢，这使得创新成本过高，高过创新的收益。那么如何激发创新欲望呢？其一，需要活跃的、自由的创新氛围，允许"试错"，甚至允许可能带来损失的尝试；其二，需要改变"官本位"意识，要使有限的智力资源流向市场，而不是官场；其三，需要建立起一套鼓励创新的知识产权保护制度，要使技术创新的收益远高于由此付出的成本；其四，需要鼓励合作创新，因为合作创新可以缩短创新时间，提高创新速度，可以降低创新成本和创新风险，为此，应当改革目前的研究成果评价制度，要承认创新人才对创新收益具有平等的所有权。

## ▶ 企业家社会责任：企业可持续的重要支撑

当前食品药品安全、环境污染、员工权益受侵等问题不时出现，比如，"长生生物疫苗造假事件"轰动全国，这表明企业的生存发展不能仅仅以企业利益最大化为第一考量，不能为了盲目赚钱，突破道德底线和法律红线，不能以牺牲公众的生命财产安全为代价。企业在发展过程中之所以会产生企业利益和社会利益之间的冲突，一个很重要的原因是企业家社会责任意识的缺失。长期以来，法规不到位和执法不力，使得不少企业家看重"热钱""快钱"，过度追求短期利润，而不惜牺牲其他利益相关者的利益。

根据笔者编制的"中国企业家（总经理）能力指数"中的社会责任能力分项指数，该分项指数从企业是否捐赠慈善事业、总经理是否在非营利组织兼职（如担任理事）、总经理个人有没有被监管机构谴责、有没有产品质量或安全或环境等问题的重大投诉事件、员工的收入增长率是否不低于公司利润增长率、有无现金分红、有无债权人和股东诉讼这 8 个方面进行评价，结果显示，我国上市公司企业家社会责任指数不仅没有明显的上升态势，相

## 第四章　做有担当的中国企业家

反，出现了下降态势。

目前，国际社会越来越多地关注企业的社会责任。近些年，兴起的 ESG 评估，就特别突出了社会责任的地位。所谓 ESG，就是环境保护、社会责任和公司治理的英文缩写。其实，广义的公司治理就包括社会责任，而企业的社会责任又涵盖了环境保护。之所以单列出来，就是因为社会责任在企业可持续发展中的重要性。

企业家在企业提升社会责任水平方面发挥着核心作用。长期以来，包括很多企业家在内的很多人都对履行社会责任有一种错误的认识，只简单地把纳税和吸收劳动力就业等少数几个方面看作自己履行社会责任的重要标准，认为比其他企业纳税多、吸收劳动力多，就是比其他企业履行了更多的社会责任。这种观点是非常狭隘的。企业的社会责任可以分为两种：一种是义务性质的社会责任。如严禁破坏生态环境，提供高质量的、安全的产品和服务，照章纳税等。另一种是非义务性质的社会责任。如赈灾捐款捐物、资助教育事业等。前者是强制的，后者是自愿的（也可以称之为狭义的社会责任）。然而，问题在于，由于法律空白较多，或者弹性较大，处罚较轻，使得一些本属于义务性的社会责任，在一些企业家眼中却成为自愿性的社会责任。如环境保护、产品质量、员工工作环境等，一些企业缺乏清晰的判断合法与否的界限，甚至聘用专门人员寻找法律空白地带，这也是近几年环境污染、产品质量低劣、员工工作环境仍待提升等问题的重要原因。

承担社会责任是企业的一项成本支出，那么这是否意味着社会责任与企业发展存在冲突？并不尽然。从长期看，企业发展与社会责任是一致的，但从短期看，则可能出现不一致。如果企业发展是建立在损害社会公众和员工利益基础上，如环境污染、员工工作环境无安全保障设施等，尽管企业利润提升了，但这种提升难以长久，从长期看，并不利于企业的持续健康发展。因此，企业应立足于企业的长期可持续发展，实现企业发展与社会责任的统一，这是成熟企业家应该秉持的基本理念。

## ▶ 企业家战略领导力：企业家能力的综合体现

企业家战略领导能力是企业家各种能力的综合体现，企业家其他方面的能力最终要落实在其战略领导能力上。在存在一个成熟的经理人市场的情况下，企业家必须本着对企业利益相关者高度负责的态度，以其敏锐的市场和战略意识，恪尽职守，尽最大努力制定出科学的和可行的企业经营战略。

根据笔者编制的"中国企业家（总经理）能力指数"中的战略领导能力分项指数，该分项指数从总经理贡献、国际化程度、企业员工数、企业总资产、企业在行业中的地位、企业 ERP 系统、企业战略目标和计划等 7 个方面进行评价，结果显示，我国上市公司企业家战略领导指数很不理想，历年平均指数基本上都在 30 分以下（只有非国有控股公司在 2015 年刚刚超过 30 分），而且近 3 年呈现明显下降态势。尽管这种下降态势与近几年经济下行压力和国际环境偏紧有关，但多年来的低水平表明我国企业家战略领导能力并没有得到充分的彰显和发挥。

企业家战略领导能力对企业发展发挥着关键作用，尤其是在当今企业内外部环境瞬息万变的时代，企业家是否具有战略领导能力成为企业能否获得持续发展的决定性因素。企业家的战略领导能力影响着战略决策创造性的广度和深度，决定着不同企业在动员、配置资源以及机会甄别效率上的认知差异。在动态和高度不确定的商业环境中，企业面临的问题大多是非结构化的，无法通过简单模仿或者延续旧方法来解决，需要企业家根据对内外部环境的认知（包括分析外部环境的机会、威胁和企业内部的优势、劣势）结合个人精准判断做出最优的战略决策。因此，我国企业家只有不断提升其战略领导能力，才能保持企业的竞争优势，保持持久的活力。而企业家战略领导能力的提升，有赖于高度自觉的学习、竞争环境中的历练和国际化的视野。

强化企业合规性是企业持续稳健发展的不可忽视的重要因素。近年来，一些严重的合规事件不断向我们发出警示，如"长生生物"各种治理机关都有，为何仍出现严重的疫苗造假？再如，近年来，进入"世界500强"的企业（包括中央企业）中，已有多家企业的高管因腐败问题而被查处，国有银行的一些海外机构都因反洗钱不力等原因而被国外监管机构查处。显然，在当前复杂的国际竞争环境下，强化企业合规性，避免企业合规风险，已经成为我国企业家不能不重视的问题，也是企业持续稳健发展的不可忽视的重要因素。

# 弘扬企业家精神缘何如此重要

华　民

复旦大学世界经济研究所教授

## ▶ 什么才是真正的创新

根据 2006 年诺贝尔经济学奖获得者埃德蒙德·菲尔普斯的定义：发明不是创新，事实上发明很少能够成为创新，世界上大部分发明专利都不过是一张废纸而已；"复制""转让""适应"都不是创新，它们在本质上都属于"应用"；改头换面的"旧创意"更不是创新；引进外部技术也不是创新，它只是对"外部创新"的模仿；真正的创新是内生的、本土的创新。真正的创新的基本内涵可以概括为新的创意、对资本与劳动要素进行新的组合、构思和生产新的产品，并最终完成生产和销售的过程。

没有真正意义上的创新，即基于本土的内生性创新，经济增长一定是不可持续的。真正的创新可以从东亚新兴经济体的增长、日本的增长两个角度来研究。东亚新兴经济体曾经是世界经济增长的明星，但是在经历了从起飞到中等收入的快速增长之后，便出现了经济增长停滞。按照美国经济学家保罗·克鲁格曼的分析，就是因为这些国家缺乏内生的、本土的创新和技术进步。东亚新兴经济体在引进外部技术方面做得很成功，但是却没有能力进行真正的技术创新。这不仅是因为人力资本投资严重不足，关键在于没有企业家。

同样的问题也发生在日本。日本在引进技术方面比东亚新兴经济体做得更好，而且在很多技术领域可以达到高仿的水平。特别是在进入 21 世纪以来，日本在自然科学领域获得诺贝尔奖的科学家越来越多。但是，同样是因为企业家的稀缺，导致整个日本社会缺乏把科学领域中的发明创造转化为本土创新的能力。结果，尽管日本的研发效率（即单位研发投入带来的专利申请数）已经在世界名列前茅，甚至超过美国，但由于没有企业家的介入，终使大量的发明与技术专利成为废纸一张。

## ▶ 为什么真正意义上的创新只能依靠企业家来实现

第一，企业家具有使命感与责任感。如果说投资者（或者传统意义上的资本家）追逐的是利润，那么企业家所追求的首先不是利润，当然这并不是说利润不重要，因为没有利润，企业的经营就将不可持续，创新也就无从谈起。企业家在很多情况下看重的不是利润，而是事件本身所具有的意义和价值，那就是通过投资造就一家伟大的企业。况且，创新通常都不是利润最大化的行为，而是风险最大化的行为。美国人亨利·福特是企业家的典型代表，他冒险创办美国福特汽车公司的初衷并不是为了赚钱，而是为了把美国从一个马背上的国家变成一个安放在汽车轮子上的国家,以促成美国社会完成从农业社会向工业社会的伟大转型。为了促成这样的转变,他通过技术创新(装配流水线)和制度创新(员工分红计划)、提高生产率实现了以下两个看似相互矛盾的目标:最低的产品价格和最高的员工工资,从而使得美国的产业工人只需要几个月的工资收入就可以购买一辆福特汽车。

第二,企业家敢于承担风险。资本家为了利润而去冒险,企业家则是为了创新而去冒险。但有必要指出的是,这两种风险在性质上是完全不同的。追逐利润的风险源于投资者的无知或不确定性,创新所面临的风险则是一个概率事件,因此创新就像俗话所说的那样,"明知山有虎、偏向虎山行"。投资风险和创新风险的以上区别清楚地告诉我们,资本家或者投资者通常都是风险厌恶者,而企业家则属于风险偏好者。正因为如此,企业家要比资本家或投资者更加具有创新精神。

第三,企业家拥有足够的知识。企业首先是一个要素的集合,企业综合了资本家或投资者提供的资本、劳动者提供的劳动、土地所有者提供的土地以及经历革命后诞生的企业家所带来的知识。成功的企业家必须具备完成企业生产、经营、管理,特别是与创新相关的全面知识。从动态的角度来讲,企业产品的复杂程度越高,对企业家的知识要求就越高,创新的难度越高,对企业家的知识要求也越高。就像美国跨学科理论学家塞萨尔·伊达尔戈在《增长的本质》一书中所说的那样,经济增长的本质并不是物质财富的增加,而是知识与信息的积累,这种积累充分体现在产品的复杂程度上。一般来说,越复杂的产品,其生产与使用过程中所使用的知识和信息就越复杂,从而对企业家的知识要求也就越高。创新可以是创办一家新的企业,创新也可以是大企业内部适应变革的种种组织、业务和技术的创新,创新还可以是熊彼特所说的"毁灭性创造"。因此，创新不仅需要勇气，还需要知识以及在强大的知识力量基础之上才能产生的想象力。为了具备这样的知识体系，企业家不仅需要具备丰富的实践经验，还需要掌握系统的商科知识，并善于运用这两方面的知识，形成企业家所独有的想象力和冒险精神。

## 如何为企业家营造创新环境

冲破传统文化的压制，从根本上解决企业家稀缺的问题。古今中外，凡是基于传统农耕文明的文化，基本上都是鄙视商业活动的。人们从直觉出发，认为只有农业劳动才能创造真实财富，而对促成人们交换的商业活动则给予很低的评价，通常都把它们定义为投机获利的不道德行为。另外，商业交换产生的个人权利是对政治权利的一种挑战，那些依靠政治权力即可获得社会财富的政治精英一定会刻意贬低商人阶层的社会地位，把生产率低下造成的贫困归咎于商业活动，把滥用公权造成的贫富差距归咎于商人的交易行为，从而对各种正当的商业活动加以限制，对商人，也就是最初的具有企业家精神的那些人，从道德上加以贬低。我们要弘扬企业家精神，就必须破除农耕社会的旧道德，改变农耕文明遗留下来的那种显然具有"官本位"性质的社会阶层排序，让企业家成为受人尊重的社会精英。

完善企业家的激励机制，充分发挥企业家的创新本能。当今世界大致有以下几种富人：以革命性创新而富有的人，他们虽然的名字与历史上的重大技术创新相关；大公司的高收入经理人，他们虽然与历史上重大创新无关，但其领导的企业能够不断地开发新产品；从事金融投资的"大人物"，他们之所以富有，是因为他们造就了伟大的企业家；各种明星人物，他们具有很高的市场价值，因为他们满足了大众精神消费的某种需求。很显然，在以上几种富人中，名列各榜单首位的通常都是企业家。为什么企业家会名列世界富人榜首，因为他们承担了技术创新的风险，因为他们通过技术创新改变了人们的生产方式或者生活方式，他们通过真实财富的创造增进了全人类的福利。企业家就像奥林匹克竞赛中的金牌得主一样，是市场经济竞赛中的金牌得主，理应获得最高级别的经济奖赏。

明确界定政府与企业的边界，降低制度交易成本，从根本上解决企业家才能错配的问题。在不同的国家，企业家虽有数量多少的区别，但任何国家都不缺企业家精神，关键在于企业家才能如何配置。在现实的经济活动中，企业家既可以将其才能用于研发等生产性活动而推动技术创新和经济增长，也可以用于寻租等非生产性活动而导致普遍性的社会腐败。导致企业家才能从投向研发转向寻租的根本原因在于，政府与企业的边界界定不清晰以及由此带来的较高的制度交易成本。一旦政府与企业的边界界定不清晰，企业的活动空间就会受到压制，企业的行为就会受到过多的行政管制，从而会产生很高的制度交易成本，其中最为典型的制度交易成本就是市场能否自由准入、市场能否公平竞争。政府的职能原本是为市场的健康发展提供法律上的支持和所有权的保护，但是一旦政府将其职能扩张到对于市场准入的审批，或者通过产业政策为参与市场竞争的特定企业提供补贴等支持，企业家就会把过多的才能与资源用于谋求政府支持和补贴的寻租活动，而不是研发和技术创新。所以，要弘扬企业家精神，就必须明确政府与企业的边界，创建一个能够让企业家充分发挥其创新才能和公平竞争的市场环境。换句话来说，要想让企业家走上创新的道路，就要有政府管理体制的创新。

# 新发展阶段亟须更好地弘扬企业家精神

王文娟

中央财经大学政府管理学院教授

2020年7月21日,习近平总书记在企业家座谈会上强调,要"保护和激发市场主体活力""弘扬企业家精神"。习近平总书记的讲话,不仅阐释了企业家在经济社会发展中的重要作用,更对企业家表达了殷切期望。在新发展阶段,面对中华民族伟大复兴的战略使命和世界百年未有之大变局,弘扬企业家精神,具有十分重要的意义。

## ▶ 何为企业家精神

从字面上看,企业家精神与企业家、企业等概念是分不开的。但在笔者看来,"企业家精神"之所以有这样的叫法,是因为一部分社会"能人"在一定社会条件下，选择了企业这一组织合约形式，把自己变身为"企业家"，进而提炼出"企业家精神"这一精神特质。事实上，作为一种精神特质，"企业家精神"一直都存在，只不过在特定历史条件下得到了凝练和升华。

第一，企业家精神与所有权相随，但并不必然建基在所有权之上。作为经济学的核心概念，资源稀缺性的一个重要来源是资源的多用性，即资源属性之间存在竞争，资源被选择某一用途必然放弃其他用途。有时这种放弃具有极高的机会成本和极大的不确定性。当社会生产力的发展要求社会承担这种高成本、高不确定性进而取得更高水平的发展时，企业作为一种降低机会成本和应对不确定性的方式出现了。一部分社会"能人"为了避免某一资源被用作他用，就"完全"拥有这一资源，进而能够决定资源的哪些属性将被使用。此时，企业家与资本家是统一的。而当社会条件发生变化，如资源丰富到一定程度，特别是资产专用性降低，"完全"拥有资源的必要性随之降低时，产权自然分离出所有权、使用权、收益权、处分权等，"企业家"与"资本家"的分离也就具备了条件。因此，传统意义上的企业家与资本家的统一，仅仅是一定社会条件下的阶段性选择；企业家精神并不必然建基在对资源和资本的所有权之上；"企业家"也并不是因为"资本家"概念的污名化而创造的一个新词，而是分工细化后一个必然出现的概念。

第二，对企业家精神的奖励，本质上源自系统收益。企业家精神之所以应当受到奖励，本质上是因为创造了系统收益，而不仅仅是因为承担了风险和不确定性。如果认定企业家仅仅因为承担了风险和不确定性就应当受到奖励，那么对那些在经营上或财务上"失败"了的企业家而言，可能是一种"贬低"。而事实上，那些"失败"了的企业家，可能在社会条件的层面上为新企业的成功作了铺垫。而且，当风险和不确定性来临时，企业家的承担能力是有限的,比如以出资额为限,或个人破产制度等设计,剩余部分乃至大部分的损失都被其他社会主体乃至整个社会分担了。这样"欠债还钱,天经地义"的观点不再适用,债权人也将承担一定的风险。因此,对企业家精神的奖励,从根本上源自企业家的剩余控制权恰好符合了社会发展的需要,带来了新的交易和"交易惠利",进而启动了整个社会的系统收益。即使那些"成功"的企业家也非常清楚,成功并非完全源自自身能力,很多因素都与社会大系统的力量息息相关,都有机遇的成分。因此,企业家要融入和回馈所在的社会大系统,企业家精神也必然有所在系统的属性。

第三,企业家精神是一种基于社会整体的功能。一般我们说的企业家精神对应的往往是个人,即个人具有的某种功能,如熊彼特所说的创造性破坏、柯兹纳所说的对机会的警觉、福斯和克莱因所说的"判断"等。然而,当我们把企业家精神对应个人时,一方面会因为所有人都是企业家而产生违反奥卡姆剃刀原理[①]的问题,另一方面也难以解释企业家精神的时代和国别差异。事实上,类似于"理性人"的概念,"企业家""企业家精神"的概念也是对客观规律的凝练和升华。"理性人"与"企业家"是相辅相成的,前者强调顺应规律实现约束条件下的最大化,后者强调利用规律试图改变现状或改变约束条件;"理性人意识"的普及是激发"企业家精神"的前提,"企业家"是"理性人"持续存在的重要原因。而且,就像这个世界上不存在完全的"理性人"一样,也不存在必然成功的"企业家"和"企业家精神";但是,那些行为符合"理性人""企业家"预期的人,往往走得更远、更稳。因此,即使所有人都具有企业家精神、所有人都是企业家,那些能够利用专

---

[①] "如无必要,勿增实体",即切勿浪费较多东西去做,用较少的资源也可以做成事情。——编者注

业化知识识别重要约束条件，发现关键主体和资源并将之科学组合起来的企业家，往往更可能取得成功。这同前文提到的其他社会主体承担"失败"企业家的损失，是笔者强调企业家精神是一种基于社会整体功能的原因所在。

第四，企业家精神是劳动分工的必然产物。如前所述，企业是一定社会条件下的产物。更进一步说，企业、企业家以及企业家精神的形成，从根本上说是劳动分工的结果，同时受到交易费用的影响。因为交易费用的存在，分工并非越细越好；而且，也并非所有人都从事自身最擅长或具有比较优势的工作就是最优的。以医疗服务为例，假设供给方有专家级医生和非专家级医生之分，需求方有重症患者和轻症患者之别，只有专家可以诊治重症。在这种情况下，如果专家只诊治重症，那么因为劳动强度和患者比例等问题，重症服务的定价将会大幅提高。此时，通过医院或专家群体这样的企业或组织，对专家的重症工作量进行规定或约定，使专家的剩余时间能够自行安排，如以较高价格诊治轻症，将会出现既有利于医生又有利于患者的均衡价格。医院及医生联盟的出现就是分工细化的结果。更普遍地，企业是异质性资本与同质性资本的混合体。其中，异质性资本从同质性资本中产生，但决定着哪些是资源以及资源的使用效率如何，对企业来说具有决定性意义；同质性资本总是依附于异质性资本，但同质性资本占比一般更多，且往往随着企业成熟度的提高而不断提高。因此，对异质性资本的管理，往往是企业家的核心工作，更是初创企业的中心工作。而随着企业发展基础的夯实，对同质性资本进行管理的企业家精神的重要性逐步提升。此时，企业家精神往往在约束条件的边际上发挥作用。如在经济低迷的情况下，吃苦耐劳也是一种边际上的企业家精神。

综上所述，企业家精神是在劳动分工中出现的，人们依靠自身的剩余控制权，识别约束条件，发现关键主体和资源，并以主观上的理性人意识做出判断和采取行动，但在客观上增加了系统收益的一种社会性功能。企业家精神从"理性人"意识中产生，又超越了"理性人"意识。它在特定社会条件下，与企业这一组织合约形式紧密结合，通过把企业家自有资本投入其中，增加了企业家在自身能力范围内最大限度承担风险和不确定性的可信性，或者说降低了其他主体做出"理性人"决策的机会成本，进而放大了企业家精神的作用。现阶段，激发企业家精神，仍然要通过企业这一组织合约形式，但资本的作用正在弱化。在激发和弘扬企业家精神的过程中，要充分考虑这一点。

## ▶ 为企业家识别约束条件提供便利

为企业家提供便利，这里的"企业家"泛指一切可能成为企业家的人，即所有人。而识别约束条件，就是由"潜在"变为"现实"、由"可能"变为"成功"的第一步。一个有利于识别约束条件的社会环境，更有利于企业家精神发挥作用。这样的社会环境具有"三个有利于"的突出特点，即有利于传递信任、有利于实现剩余控制权与剩余索取权的统一、有利于降低交易费用。

一是推动国家基础设施建设。如前所述，企业是异质性资本和同质性资本的混合体，异质性资本从同质性资本中产生。铺垫好同质性资本，对于企业家精神发挥作用具有基础性作用。对各级政府来说，就是要加强国家基础设施建设，如奠定贯彻落实创新、协调、绿色、开放、共享新发展理念的发展基调，推进产业政策由差异化、选择性向普惠化、功能性转变，加强对基础产业领域的认证认可和检验检测等，不断提升同质性资本的可信度。尤其是在当前个性化知识和劳动投入不断增加、服务经济时代来临的大背景下，一方面，要关注越来越多的企业家对基础性产品更高质量发展的要求，不断夯实和巩固我国在完整的工业体系、超大规模市场优势和内需潜力等方面的传统优势，使企业家能够基于"理性人"意识做出判断；另一方面，要关注基础性产品"富足"带来的新"稀缺"，如共享单车富足背后是停放区域的稀缺以及对公共区域更高效管理的稀缺。只有准确地把握了稀缺的转移，才能更有针对性地促进真正资源的流动，实现经济上"高质量发展"与"厉行节约"等目的。这也是弘扬企业家精神的基础性问题。

二是深化收入分配制度改革。在我国经济转型的过程中，剩余控制权与剩余索取权的统一问题，一直是我国经济社会发展中的一个重要问题。党的十九届四中全会将我国的分配制度上升为基本经济制度，一个重要的目的就是要解决剩余索取权方面的突出问题，如收入差距拉大，劳动报酬在初次分配中的比重较低，居民收入在国民收入分配中的比重偏低，收入分配秩序不规范，隐性收入、非法收入问题等。在当前国际环境下，深化收入分配制度改革，更是激活内循环、扩大内需的重要手段。其中的突破口，就是提升企业家的剩余索取权，激发企业家精神。如前所述，企业家精神的激发，一方面将增加系统收益，为"双循环"经济提供不竭动力；另一方面将改善同质性资本的供给质量，为扩大内需提供深厚基础。对各级政府来说，一方面要激发社会"能人"意义上的企业家精神，按照《关于构建更加完善的要素市场化配置体制机制的意见》《关于实行以增加知识价值为导向分配政策的若干意见》等制度文件要求，在分配制度中充分体现个人收入的市场化，充分体现对个性化的知识价值和智力劳动的尊重，充分体现个性化知识和劳动在分配体系中的重要地位。另一方面，要激发社会普遍意义上的企业家精神，通过完善劳动法律法规，引导人们从关注"物的稀缺"到关注"人的需求和价值"，尽可能全面地发展、保持和发挥自己的能力，不断推进大众创业、万众创新；同时，着眼服务经济时代大背景，努力推动居民收入增长和经济增长同步、劳动报酬提高和劳动生产率提高同步；着眼"女性贫困""老后破产"等特定群体可能存在的现实问题，适时改革社会保险和商业保险制度，着力构建面向未来的大格局分配制度。这也是弘扬企业家精神的动力问题。

三是推动信用机制向信任机制转变。社会的信任机制，大体经历了由个体信任到制度信任，再到机器信任的过程。这一转变过程，反映了对降低交易费用的社会要求，但本质上还是基于对个体的信任。在经济转型过程中，我们事实上建立了基于单位的信用机制和基于少数个体的信用机制，其背后是集体信誉背书或"能人"信誉背书。但在当前服务经济的大背景下，这样的信用机制已经不能满足激发企业家精神、推动经济社会发展的要求，我们亟须建立基于个体的信任机制，推动由信用机制向信任机制的转变。在新的机制下，信任更多的是一种心理状态，是在不确定或风险情境中对互利互惠的期待，能够将企业家从被资本的束缚中进一步解放出来，发挥更大作用。在实践中，阿里巴巴探索的芝麻信用分和腾讯公司探索的腾讯信用分等，都是改善信用机制、建立个人信任机制的有益探索，但这仍然是一个中心化的、针对社会部分群体的信任机制，仅仅是一个过渡性的探索。更大范围地激发企业家精神需要技术上的突破，如区块链技术。这也是弘扬企业家精神的成本问题。

## ▶ 为企业家做大系统收益提供便利

当前我国正在着力构建"以国内大循环为主体、国内国际双循环相互促进的新发展格局",有些人担忧,我们可能会陷入"放羊—赚钱—娶媳妇—生娃—放羊"的内卷化循环。在构建"双循环"新发展格局的关键时刻,习近平总书记主持召开企业家座谈会,强调保护和激发市场主体活力、弘扬企业家精神,为破解"内卷化"指明了一条道路。为此,要激发企业家精神,做大系统收益。做大系统收益,本质上是通过异质性资本的不同组合改变约束条件,实现"廉价资源",不断推陈出新。事实上,即使是"放羊"的内卷化循环,也存在"免费的草"这一廉价资源。只不过,内卷化循环的廉价资源相对来说是固定不变的。

一是坚持创新发展,坚定走好高质量发展之路。在完善国家基础设施的同时,要激发企业家精神突破约束条件,实现更高层次、更高质量的发展。在当前有些国家对我们实施技术封锁、贸易封锁的情况下,我国企业家首先要抓住创新机会成本降低的契机,下大力气提升自主创新能力。各级政府要给予适当支持,帮助企业培养自生能力。还要推动约束条件在边际上发生变化。尤其是在核心技术"卡脖子"的领域,要向"内"扩大效益,以更加"辛苦"的状态深化改革,提高各类生产要素的配置效益和效率。另外,要为"辛苦"赋予意义,避免"内卷化"。为"辛苦"赋予意义,本质是推动劳动分工维持在较高水平,而不是任意水平。企业之所以存在,不仅仅是因为从市场上购买中间品的价格太高,更是因为市场上中间品的供给细分不足。因此,基于成本的目的,企业的存在可能将产业链导向更高质量发展,但也可能导向低质量的发展。在这种情况下,各级政府要按照新发展理念的要求，通过市场监管、补贴等政策措施，合理设置"焦点"，引导企业家形成高质量发展的共同信念和行动；企业家也要树立高质量发展的意识，采取差异化竞争的策略，努力走出"辛苦却不赚钱"的困境。

二是坚持开放发展，推进更高水平的对外开放。如前所述，企业家精神从根本上说是劳动分工的结果。事实上，全球化既是劳动分工的结果，也是企业家精神的一种延伸。虽然当前逆全球化思潮有所抬头，但新的更大范围、更高层次的全球化正在新的劳动分工下酝酿，它是基于人的全球化，而不是基于物的全球化，全球化是世界人民的共同心声，不是少数人能够影响得了的。因此，少数国家逆全球化而动，终将以失败告终。我们要坚定"站在历史正确的一边"，"以开放、合作、共赢胸怀谋划发展，坚定不移推动经济全球化朝着开放、包容、普惠、平衡、共赢的方向发展，推动建设开放型世界经济"。对企业家来说，一方面，要顺应大势大胆"走出去"，与各国企业家开展自由合作与交流，突破少数国家对我们的技术封锁和贸易封锁，尽可能缓解自身面临的"辛苦"和压力；另一方面，要担负起一个重要职责，就是在国际合作与交流中构建起"诚信中国"的认知，为开放型世界经济注入多元力量。

三是坚持共享发展，完善鼓励企业家回馈社会的引导机制。如前所述，企业家的"成功"，离不开系统的力量。因此，企业家应当积极回馈所在的社会大系统。各级政府要通过建立企业家回馈社会的名誉保护机制、引导企业家参与公益事业等方式，进一步完善企业家回馈社会的保护和鼓励机制，推动企业家成为时代典范。企业家一方面要积极投身国家战略，站在整个产业链高质量发展的高度，积极构建和完善所在产业剩余控制权与剩余索取权的配置机制，避免出现成本问题危及"必要消耗"的现象，进而避免"内卷化";另一方面,要结合自身实际,投身社会公益活动,共同建立和维护企业家的良好形象。

## ▶ 构建面向未来的体制机制

如前所述,企业、企业家以及企业家精神发挥作用都依赖劳动分工。当前,劳动分工出现了新的变化,典型特征就是个性化知识和劳动的投入增多,而对资本的依赖程度逐渐降低。在这一背景下,"两个毫不动摇"将进一步巩固我国的发展优势:一方面,毫不动摇巩固和发展公有制经济,发挥为个性化知识和劳动提供更广阔舞台的天然优势;另一方面,毫不动摇鼓励、支持、引导非公有制经济发展,进一步解放个性化知识和劳动的生产力。这也是面向未来的制度设计。

一是主动作为,激发国有企业中的企业家精神。习近平总书记指出,"国有企业是中国特色社会主义的重要物质基础和政治基础,是党执政兴国的重要支柱和依靠力量"。激发国有企业中的企业家精神具有十分重要的现实意义。首先,要坚持党对国有企业的领导这一重大政治原则,确保国有企业领导人员坚定贯彻和国家各项方针政策,确保国有企业"带头"走高质量发展之路。其次,要推动国有企业聚焦主责主业。国有企业要坚持"不离本行",激励广大员工在这个较为"狭窄"的业务范围内更加积极地从事企业家活动,发挥"代理企业家"的作用。再次,要以管资本为主,进一步完善责任制。特别是要按照"三个区分开来"的要求,对国有企业家以增强国有经济竞争力、创新力、控制力、影响力、抗风险能力为目标、在企业发展中大胆探索、锐意改革所出现的失误，要予以容错，为担当者担当、为负责者负责、为干事者撑腰。最后，要让人才在流动中体现价值。对领导干部来说，要进一步完善交流机制，避免累积性的形式主义；对广大员工来说，要打破"铁饭碗"，让人才在流动中全面地发展、保持和施展自己的能力，激活更大的社会价值。

二是顺势而为，将"企业家精神"从被资本的束缚中解放出来。这是一个面向未来的制度设计，是一个逐步的过程，不能一蹴而就，更不能贪功冒进。如前所述，企业家概念不是基于主观上对避开资本家污名化的需要，而是基于客观的劳动分工的需要。改革开放四十多年的发展，为我们带来了理性人意识的普及、共同体意识的复苏和企业家精神的觉醒，也为我们带来了服务经济时代的大背景；新一轮科技革命更是推动了从以物为本迈向以人为本、从信用机制迈向信任机制、从全球化迈向更高层次全球化的大趋势。在新的社会条件下，首先，要立足以人为本，更加关注人的需求与价值，通过要素市场化改革、分配制度改革等，逐步提高个性化知识和劳动等异质性资本在决定资源属性使用上的话语权。其次，要深化金融体制改革，推动金融服务实体经济，尤其要深化资本要素价格改革，下大力气推进利率市场化。再次，要确保中国特色现代企业制度、个人破产制度等现代管理制度与新时代中国特色信任机制同步建立，避免企业成为"内卷化"的工具。最后，要营造尊重企业家，尤其是尊重"失败"企业家的社会氛围，将"功成不必在我、功成必定有我"的使命意识融入企业家精神，让企业家不再发出"失败了就当做公益"的感慨，而是生发出"为后来者创造必要社会条件"的自豪。

## 参考文献

[1] 尼古莱·J.福斯,彼得·G.克莱因.企业家的企业理论:研究企业的新视角[M].朱海就,王敬敬,屠禹潇,译.北京:中国社会科学出版社.2020.

[2] 罗伯特·希勒.叙事经济学[M].陆殷莉,译.北京:中信出版社,2020.

[3] 考希克·巴苏.信念共同体:法和经济学的新方法[M].宣晓伟,译.北京:中信出版社,2020.

[4] 伊斯雷尔·M.柯兹纳.市场如何运行:非均衡、创业和发现[M].沈国华,译.上海:上海财经大学出版社,2019.

[5] 黄文锋.企业家精神:商业与社会变革的核能[M].北京:中国人民大学出版社,2018.

[6] 稻盛和夫.企业家精神[M].叶瑜,译.北京:机械工业出版社,2018.

[7] 彼得·德鲁克.创新与企业家精神[M].蔡文燕,译,北京:机械工业出版社,2007.

[8] 拉杰·帕特尔,詹森·W.摩尔.廉价的代价:资本主义、自然与星球的未来[M].吴文忠,何芳,赵世忠,译.北京:中信出版社,2018.

[9] 约瑟夫·熊彼特.经济发展理论[M].郭武军,吕阳,译.北京:华夏出版社,2015.

[10] 张维迎,盛斌.企业家:经济增长的国王[M].上海:上海人民出版社,2014.

# 第五章
# 企业宏观治理

数字经济与实体经济的结合与发展衍生出了新产业、新模式，对企业的治理模式提出了新要求。数字化转型企业，尤其是数据平台企业的治理焦点在于数据运用行为和数字红利分配。在鼓励其做大做强、保持和增强国际竞争力优势的同时，还要抑制其用数据损害社会与经济的公平性。

# 我国互联网"独角兽"企业发展解析

金雪涛

中国传媒大学经济与管理学院教授、博士生导师

"独角兽"这一概念首次由美国牛仔风险投资基金的投资人艾琳·李提出，指的是成立时间短（不超过10年）、发展迅速（估值超过10亿美元）的新生态公司。"独角兽"企业不仅引领着产业发展的技术趋势，更是新经济活力的最佳体现。"独角兽"企业的发展，往往不局限于自身的成长，它能够有效拉动上下游相关产业的发展和融合，提供更多的就业机会。近年来，我国"独角兽"企业受到资本的追捧，技术和商业模式的创新与迭代迅速，对经济发展的推动作用日益显著。本文立足于资本与技术相伴相生构建新的社会契约视角，从流量变现、运营驱动、技术驱动三方面阐释我国互联网"独角兽"企业的演变历程与发展模式；基于平台思维分析我国互联网"独角兽"企业的技术特征与融资路径，以期探寻在新经济资本盛宴下我国互联网"独角兽"企业的未来走向。

## 资本与技术伴生构成经济发展的催化剂

纵观人类社会的发展历程，技术的每一次进阶都少不了资本的支撑。资本带着逐利的特性，进入新兴科技领域，转化成推动技术改造与革新的原动力，与此同时，科技成果的每一次突破进展都为资本增值带来指数级增长。作为推动经济发展的催化剂，资本与技术的相伴相生为社会财富的增值创造出滚雪球式的效应。

高新技术的发展离不开资本的投入。可以说，企业发展的整个生命周期都离不开资本的投入，尤其具有显著正外部性的技术创新和研发，更是离不开充足的资本保障。在发展的初期，企业的技术创新、差异化产品与服务开发、高端人才聘用等都意味着大额的支出，需要获得充足的创业资金才能保证企业的孵化和茁壮成长。而当企业发展到成熟期时，其产品和业务相对稳定，企业进行生产规模的扩展和更广泛市场领域的渗透同样离不开资本的支持。在企业发展的全过程中，融资的主要渠道是外源融资，债务融资、股权融资（包括风险投资、私募股权投资和后期的上市）是较为典型的方式，通过这些途径，企业融资难题得以化解，技术研发与相关创新得以有条不紊地进行。由此可以看出，技术的发展离不开资本的投入，资本为科技研发夯实基础的同时，也具有催化的作用，资本的支持加速技术研发进程，新兴行业得以更迅猛地发展。资本的参与让技术变现成为可能，从而增强了技术不断突破与变革的原动力，也为技术产业化奠定了坚实的基础。

资本的增值依赖技术的创新与变革。资本的本质是逐利，所谓资本运营是指以实现资本盈利最大化而展开的各种活动的总称。资本运营的效率和效果对任何企业的发展来说都是非常重要的。而企业的重大技术创新与变革对企业的资本运营具有强大的外溢效果，这是因为技术创新与变革会直接带来新产品、新服务、新商业模式，甚至颠覆性的市场需求（比如智能手机取代功能手机）与全新的产业业态（比如物联网的普及），会影响到一个国家或地区相关产业的结构升级与经济系统的优化。技术创新与变革所带来的外溢效果最后将扩展到整个社会，从而使总体社会福利得以提高。那么投入技术创新与变革中的资本必将伴随技术扩散的过程以及伴随新产品、新服务、新商业模式、新产业业态的发展获得高比率的增值。

资本与技术的伴生构成经济发展的催化剂。资本与技术伴生对经济带来的发展主要可以概括为两个方面。一方面是低成本带来的社会节约。基于"理性人"的假设，技术革新的根源依旧是为了节约成本，在使用新旧技术生产同一产品时，用更加低廉的成本，达到更高的安全性和耐用性，进而取得更加低廉的价格，这就是所谓的"社会节约"。而另一方面是技术的革新推动经济结构的升级。从过去人们研发器械实现双手的解放，到今天的人工智能，我们从一个用机器加强天性的时代，被带到另一个用机器摹写天性的时代。资本作为强有力的后盾，与技术相伴相生构成经济发展的催化剂，推动经济的发展和升级。深究"独角兽"企业的发展内核可以发现，资本与技术的支持是"独角兽"企业实现价值倍增与持续发展的坚实基础。

## ▶ 我国互联网"独角兽"企业发展概况

全球"独角兽"数量猛增，中美两国占据主导地位。IC Insight[1] 数据统

---

[1] 知名调研机构。——编者注

计显示，自 2013 年至 2018 年年底，全球已有 313 家"独角兽"企业，其中美国"独角兽"企业有 151 家，占比达 48.24%，仅 2018 年就新增 53 家新生"独角兽"企业，位居全球第一；我国（包括中国香港）以 88 家"独角兽"企业位居全球第二，占比达 28.12%，2018 年新生"独角兽"企业为 32 家。自"独角兽"企业出现以来，中美两国在全球"独角兽"企业数量上的贡献率一直高达 70% 以上，在全球占据了绝对的优势。但就中美两国相比而言，美国的增长速度十分迅猛，逐渐超过中国并拉开差距。进入消费升级阶段后的美国，自提出"工业互联网"战略后逐渐迎来其科技变革时代，因此美国的"独角兽"企业大多聚焦于高科技领域，而我国则主要是随着国民人均消费水平的提高，由于居民的消费需求逐步从基本的衣食住行转变到提高生活品质与个性化消费服务的方向上，为了从这场消费盛宴中多分得一杯羹，我国互联网"独角兽"企业便如雨后春笋般地产生。因此，我国的"独角兽"企业大多是借助互联网能升级消费体验、提高消费品质、丰富消费种类这一天然特性应运而生，其通过借助互联网平台的强大网络效应在短时间内积累强大的用户规模，以迅雷不及掩耳之势抢占市场并由此获得资本热钱的青睐。

我国独角兽企业发展历经了三个阶段。依据当期主导企业的商业模式和特点，我国"独角兽"企业的发展历程主要分为以下三个阶段：第一阶段，流量变现；第二阶段，运营驱动；第三阶段，技术驱动。在第一阶段——流量变现中，"独角兽"企业主要依托互联网平台的电子商务和金融等业务，其主要目的是通过搭建平台链接各种利益方，匹配信息、产品与服务，商业模式主要是通过广告等渠道实现流量变现，但随着流量获取成本的日渐攀升，这一商业模式遇到瓶颈。到了第二阶段，以很多典型企业为代表的"独角兽"企业开始将重点转向运营。以美团为例，它通过前期的补贴方式激励用户在消费前体验，通过这些点评的内容吸引更多的用户消费，这一商业模式重在运营，但大部分企业因在如何提高用户黏性这一问题上未找到合适的解决路径而退出市场。进入第三阶段之后，技术驱动型企业成为我国"独角兽"企业的主要构成，以区块链技术、云计算、生物科技、大数据、人工智能等硬科技为代表的新兴科技企业开始崭露头角，这一代的"独角兽"企业拥有更加前沿的科技和智能化水平，引领着新经济的发展。

生态环境不佳，我国部分"独角兽"企业陷入发展困局。由于我国"独角兽"企业大多是服务于消费型市场的平台生态型企业，能在很短的时间内迅速发展壮大，但被复制和替代的速度可能更快。近年来，由于内部、外部生态环境的不断恶化，部分"独角兽"企业陷入了发展困境。外部环境不佳具体表现在生产制造业整体业绩下滑导致国内经济面临着很大的下行压力，尽管互联网"独角兽"企业数量突飞猛进式地增长，资本市场的投资热情却逐渐降温，由此造成一些"独角兽"企业的市场估值大幅度缩水，在资本大环境层面，募资周期呈现不断拉长的趋势，"独角兽"企业在一级市场获取资本也越来越难。内部环境不佳则表现为互联网"独角兽"企业的发展也面临舆论风波、业绩承压和海外发展受阻的困境，例如，内容资讯类以及新媒体运营类互联网"独角兽"企业，像抖音、快手等短视频网站由于技术主导与自身流程漏洞而面临价值观偏离风险，由此造成内容触底事件引发舆论质疑并被责令整顿。再比如，部分互联网"独角兽"企业的创新业务由于缺乏传统监管，加之平台自身内控管理不严，导致某些租房平台的"独角兽"企业因"甲醛超标、抬高租金"等问题遭到公众质疑，这些现象折射出在一定程度上，互联网"独角兽"企业的发展模式与盈利模式面临严峻拷问。

## ▶ 我国独角兽企业技术特征

我国"独角兽"企业所在行业，目标市场大多聚焦于消费级市场。现阶段，我国互联网"独角兽"企业基本可分为三大类，第一类是聚焦于消费级市场的互联网"独角兽"企业，这类企业几乎涵盖衣食住行、理财服务、娱乐消费等生活的方方面面，包括支付宝、美团、携程、今日头条等，市值规模占比达 60% 以上，这类企业的最大创新源泉来自消费者的需求，它们在不断提升用户体验的过程中寻求可持续性发展模式；第二类是服务于企业级服务市场的互联网"独角兽"企业，这类企业将"互联网+"思维、人工智能等技术融入制造业中，采用互联网销售模式快速成长或者利用人工智能优势迅速构建品牌影响力，如小米、大疆、蔚来汽车等公司，市值规模占比达 15% 左右，这类企业大多采用融合式发展路径，跨领域打造出独具特色的"平台+内容+终端+应用"的商业模式；第三类是同时跨足于企业服务级市场与消费级市场的互联网"独角兽"企业，这类企业凭借其在区块链技术、云计算、生物科技、大数据、人工智能等"硬科技"上的核心技术优势，在智能芯片、识别软件、生物制药等领域声名鹊起，如商汤科技、数梦工场、信达生物等公司，市值规模占比达 25% 左右，这类企业专注于未来，力求探索未知新领域，利用核心技术驱动其在各种软硬件制造上成为行业翘楚，进而成为独树一帜的寡头垄断企业。

不同于以高新技术的"独角兽"企业为主体的美国，我国的互联网"独角兽"企业具有成长周期短、创新能力强、爆发集中等特点，这在一定程度上彰显出我国整体创新实力的提升，但前者在硬技术上拥有绝对的自主权和专利权，因为其技术在一定程度上具有不可复制和不可替代性，而后者会由于绝大多数互联网"独角兽"企业缺乏核心硬科技的支撑,导致其商业模式和创新模式具有很强的复制性和可替代性。因此我国出现了互联网"独角兽"企业扎堆现象,未来在不同产业与区域间,可能出现互联网"独角兽"企业"强者愈强,弱者愈弱"的"马太效应"。

我国"独角兽"企业的创新形态,平台生态型企业占大半壁江山。从创新形态的角度来看,我国"独角兽"企业主要归为技术驱动型和平台生态型两类。技术驱动型主要是以区块链技术、云计算、生物科技、大数据、人工智能等硬科技为核心竞争力的"独角兽"企业,这类企业属于典型的资本密集型企业,公司耗费大量的资本用于新技术的研发,一旦在科研成果上有了新突破,就会迅速点燃社会需求的引爆点,在一定程度上具有绝对的竞争优势,相对美国的"独角兽"企业而言,技术驱动型占比很高。我国大多数平台型"独角兽"企业自身不生产任何产品,其存在采用的是传统的只为单边使用者服务的思维框架,并基于服务多边群体市场的机制,连接不同群体之间的跨边网络效应和增强同边群体间的同边网络效应。不同于美国"独角兽"企业,平台生态型是中国"独角兽"目前较为主流的存在方式,其核心理念主要是"共享",表现为通过新兴技术挖掘消费需求,进而实现基于互联网的平台共享。一般而言,技术驱动型互联网"独角兽"企业大多服务于生产型市场,部分会跨足生产型与消费型市场。而平台生态型互联网"独角兽"企业基本服务于消费型市场,主要分布在互联网金融、文化娱乐、互联网服务三个行业。胡润研究院发布的研究结果显示,平台生态型互联网"独角兽"企业中互联网服务类企业数量最多,企业估值合计达 8160 亿元,占比达 17%;互联网金融企业估值合计达 15170 亿元,规模占比最大,高达 32%;文化娱乐的企业估值合计为 8980 亿元,占比达 19%,三者总和高达 68%。

为了可持续发展，未来我国互联网"独角兽"企业的发展方向应该是"平台+技术"双剑合一，以发挥更大作用。平台连接用户进行多群体互动，是人们创造的一种新兴的商业模式，也具有强大的流量引导作用。一个发展良好的平台能够让用户产生依赖，进而产生用户黏性，变现也更加容易。以美团为例，美团在餐饮领域拥有较高的市场份额，以此为基础，美团通过与技术的结合突破固化壁垒，由于大数据的运用与用户价值的挖掘，使得美团能够进军打车市场，进一步布局企业生态。我国的互联网"独角兽"企业除了依靠平台建立大量的用户基础，大数据、人工智能等新兴技术手段也是其保持优势的关键。

商业模式的创新渐渐退潮，新技术为发展提供长久活力。我国"独角兽"企业创新方式主要可以概括为三种，分别是商业模式创新、产业业态创新和技术创新。在"独角兽"企业发展的前期，因为技术壁垒比较低，大量企业通过创新商业模式取得快速的发展，但大量资本的投入并没有使企业或者产业链形成核心的竞争力，因此后期产品带来的利润和公司估值无法支撑公司前期的回报，由此导致部分借助商业模式创新而成长起来的企业陷入困境。而依托新产业业态和新技术的创新企业更具长久活力与生命力。

从 2018 年的局势可以看到，政策对于资本市场的引导是十分有效且灵敏的，2018 年新增企业数量下滑的原因离不开《私募基金管理人登记须知》《关于开展 2018 年私募基金专项检查工作的通知》等导致金融监管更加严厉的政策的推出。在金融监管趋严的形势之下，投资者变得更加谨慎，资金端更加保守和谨慎，他们的投资开始转向成熟的头部企业，进而在一定程度上限制了"独角兽"企业的诞生和发展。而 2019 年 1 月 30 日，中国证券监督委员会（后文简称证监会）《关于在上海证券交易所设立科创板并试点注册制的实施意见》为新的一年"独角兽"企业的发展带来曙光,科创板工作的推进和创业板注册制改革于创新型未上市企业而言无疑是一个利好的信号,在市值、收入、净利润等各项指标都有所放宽之后,为具有发展潜力的企业融资提供了更加便利的渠道,有望催生更多的"独角兽"企业上市,让资本与技术相伴促进经济的发展。

## 资本与技术共舞:我国互联网"独角兽"企业发展趋势

对于在孵化阶段已经具备相关核心技术的"独角兽"企业而言,融资是下一阶段的发展中最为关键的一环。目前,我国互联网"独角兽"企业的融资方式主要包括股权融资、债务融资以及供应链金融ABS[①]。

**股权融资**。完善的创业融资体系为"独角兽"企业的市场化提供了资金保障。从世界范围来看,美国"独角兽"企业的发展是全球最为成功的,2018年其总量和增速均位于全球首位。借鉴其历史经验可以看到,在企业发展壮大的过程中,市场拥有一套完善的融资体系是至关重要的。在企业发展的初期,企业产业化和市场化的过程需要充足资金作为保障,而由种子基金、VC/PE[②]、天使基金等构成的创业融资体系为融资提供了便利。种子基金、VC/PE、天使基金是该体系下最为常见的三种融资方式,均属于股权融资,即企

---

① 供应链金融ABS是指以核心企业为依托,以真实贸易背景为前提,运用自偿性贸易融资的方式,通过应收账款质押、货权质押等手段封闭资金流或者控制物权,对供应链上下游企业提供的综合性金融产品和服务。
② VC指风险投资,PE指私募股权投资,一般将这两个概念统一为风险投资的通用表述。——编者注

业需要通过股权转让而获得投资收益。对无法满足银行借贷相关条件的中小企业而言，这犹如资本市场新开的一扇窗，为企业的持续发展提供了坚实的基础。

前期的种子基金、VC/PE 等资本将在"独角兽"企业赢得市场，盈利水平大幅上升之后再寻求合适机会推出，进而企业可以通过资本市场上市（IPO）以谋求长期稳定的发展。目前，"独角兽"企业上市的路径主要有三种。（1）对于已经在海外上市的企业，可以通过发行 CDR（中国存托凭证）回归国内市场，这一过程可以实现股票的跨境交易，便于在两个市场同时融资。（2）对于尚未上市且融资需求较为迫切的企业，可以考虑模仿小米公司的上市路径："H+ 发行 CDR"[①]的模式。因目前国内 IPO 申请进程速度较为缓慢，融资需求较为迫切的企业可以先选择海外市场上市，完成融资，等待国内相关利好政策落实之后，采用发行 CDR 的路径回归国内市场，也可以实现两个市场的融资。（3）新经济企业可通过"绿色通道"快速上市。目前，证监会已为生物科技、云计算等 4 个行业开通 IPO "绿色通道"。这一制度加快 IPO 的进程，帮助企业快速完成审查并上市。以富士康为例，从材料送审至过会，全程仅历时 20 个工作日。这一制度对这四类企业而言无疑是一个机会，因此新经济企业可以考虑选择这一路径进行上市。

**债务融资**。依据商业银行现行信贷模式与条件要求，"独角兽"企业常常因缺乏抵押和质押物而在贷款时被银行拒之门外。伴随"独角兽"企业的经济影响持续增强，相关银行已逐步推进担保和授信方式的改进，目前来看，较为成功的创新性债务融资渠道主要是如下两个。（1）浦发银行最先推出的"科技含权贷"。"科技含权贷"是一个面向成长型高新技术企业的投贷联动业务，主要是通过银企合作的方式打破传统的授信模式，实现增信，获

---

① 以 H 股为基础发行中国存托凭证。——编者注

得无抵押类贷款。前期，企业需要与银行战略合作的基金签署《认股选择权协议》；后期，企业可依据实际情况，灵活选择期权的处理方式。浦发银行这一突破性创新切实解决了"独角兽"企业的融资需求，为"独角兽"企业的进一步发展提供更多的可能性。（2）供应链金融ABS。ABS这一融资方式在国际上使用更为广泛，这些年在国内开始逐渐流行起来。这一融资方式是以项目资产的预期收益为保证，在资本市场发行可交易的证券来达到募集资金的目的。目前，"独角兽"企业巨头蚂蚁金服、小米均采用这一方式获得融资，其备受追捧的主要原因是通过这一方式，能够盘活应收账款，以达到缓解资金压力的目的，而且在此过程中股权不会被稀释，最近这一融资方式愈加流行起来，更多"独角兽"企业将从中获利。

**供应链金融ABS**。"独角兽"企业的供应链金融ABS融资是以"独角兽"企业为核心出发点，重点关注围绕在"独角兽"企业上下游的中小企业融资诉求，借助供应链系统信息与资源进行有效传递，以期实现供应链上各个企业的可持续性发展。"独角兽"企业的供应链金融ABS的核心优势在于能有效解决"独角兽"企业上游供应商和下游承销商自身主体信用不足导致融资成本居高不下的长期痛点，依托与"独角兽"企业平台之间的合作关系借力获得融资。2018年3月，"独角兽"企业小米、蚂蚁金服先后在上交所通过发行供应链金融ABS获得融资，其中小米公司通过供应链金融ABS将为上游供应商的科技研发和扩大生产提供丰富灵活的资金渠道；蚂蚁金融在供应链金融ABS中，借助反向保理业务与上下游企业建立稳固持久的战略合作关系，不仅大大降低了融资成本，也有效盘活了上下游公司的存量资产，一定程度上缓解了因增长过快而引发的融资压力。随着科技金融与区块链技术的发展成熟，在有效的风险管理与规模控制前提下，未来互联网"独角兽"企业的供应链金融 ABS 有望得到不断创新，成为资产证券化领域可预见的一片蓝海。

## ▶ 我国"独角兽"企业发展展望

企业级服务市场的"独角兽"企业将会获得资本市场的青睐。自 2015 年开始，智能终端的消费量增速放缓，这意味着消费级服务市场从高速增长变为稳定状态，与此呈现显著不同的是企业级服务市场因数字化技术的迭代升级而受到了资本的追捧。

从长期发展来看，企业级服务市场更有投资空间，在大数据、云计算、人工智能和 5G 等技术的影响下，任何企业的制造、产品和服务创新、商业模式都发生了不同程度的改变，需要相关先进技术给予企业价值链以模块化的更新，由此专业化的企业级服务需求增长。在美国的"独角兽"企业中，提供企业级服务公司的总市值已经超过整个消费互联网领域的企业，这一趋势必将持续较长的时间。

消费级市场的超级"独角兽"企业会进一步投资潜在"独角兽"企业形成更大的生态群落。在我国，除了 BAT（B 为百度、A 为阿里巴巴、T 为腾讯，是中国三大互联网公司百度公司、阿里巴巴集团、腾讯公司首字母的缩写）这三家超级"独角兽"企业之外，最近几年迅速崛起的市值超过百亿美元的超级"独角兽"企业有小米、陆金所、美团、大众点评、今日头条和大疆创新科技等 8 家。

由此可见，超级"独角兽"企业都是以创新型的业务模式发挥网络效应的正反馈机制，发展成熟后以平台化的商业模式为核心，在各领域积累了巨大的流量红利。目前这些超级"独角兽"企业也正在由专门业务输出向数据技术输出转型，基于他们自身强大的资本实力，这些超级"独角兽"企业在发展原有业务和转型业务时，需要进一步扩大平台的网络效应优势，因此超级"独角兽"企业投资潜在"独角兽"企业，并与之形成更大的生态体系来巩固竞争优势，这也必将成为未来互联网"独角兽"企业发展的主要形态。

中国传媒大学经济与管理学院潘苗、王紫薇对本文亦有贡献。

## 参考文献

［1］陈华,王晓.培育独角兽企业的金融支持体系建构研究[J].上海企业,2018(07):72-75.

［2］任泽平.独角兽归来：机遇和风险[J].商业文化,2018(9):80-86.

［3］汪丁丁.经济学思想史讲义[M].上海人民出版社,2012.

［4］周晓波,姜增明,陈佳炜."独角兽"企业的融资之路[J].金融市场研究,2018(6):77-83.

［5］布莱恩·阿瑟.技术的本质[M].曹东溟,王健,译.杭州：浙江人民出版社,2018.

［6］卡萝塔·佩蕾丝.技术革命与金融资本[M].田方萌,译.北京：中国人民大学出版社,2007.

［7］乔尔·莫基尔.富裕的杠杆：技术革新与经济进步[M].陈小白,译.北京：华夏出版社,2008.

［8］约瑟夫·熊彼特.经济发展理论[M].何畏,易家详,张军扩,译.北京：商务印书馆,1990.

# 创新企业制度，推进专项实施

高明华

北京师范大学公司治理与企业发展研究中心主任，经济与工商管理学院教授、博士生导师

中国联合重型燃气轮机技术有限公司（简称中国重燃）"科研工程化"实施以来，以制度创新为保障，聚焦关键路径及痛点、难点，推进重燃专项取得各项突破，效果显著，具有一定的参考价值。

## ▶ "科研工程化"制度创新的六个方面

创新决胜未来，改革关乎国运。中国重燃围绕重大科研项目攻关需要，深刻认识大型复杂工程的客观规律，在"科研工程化"理念指导下，以创新管理制度为抓手，探索出一套符合专项实际、行之有效的管理模式。

**合作创新，提升研发**。20世纪80年代以来，合作创新已成为技术发展的必然选择。合作创新具有两方面的优势：一是缩短创新时间，加快创新速度；二是降低创新成本和创新风险。中国重燃按照"小核心、大协作、专业化、开放式"要求，由中国重燃牵头抓总、多家科研院所和制造企业协同参与，组建了项目式、矩阵型运作的协同攻关团队。同时，将研发设计理念贯穿工程设计、整机成套、整机安装、整机调试与运维的各环节，打破组织壁垒，跨越法人治理边界，共同对最终结果负责，实现研发与成果转化的高度衔接。

**建立平台，实施激励机制**。人力资源能力的发挥，需要有效运用激励机制。一是给予物质激励，比如能激发研发人员工作积极性的薪酬、奖金、股权等；二是给予知识产权激励，即能够明晰研发人员在项目成果中的贡献；三是提供发展平台，即研发人员能够拥有最大限度施展才华和能力的舞台。三者虽可以单独发挥作用，但形成合力后，作用更大。中国重燃将激励机制贯穿研发体系的各环节，搭建了诸如联合实验室等不同平台，充分发挥重型燃气轮机研发过程中各类人力资源的最佳效能。

**分级决策，激发创新欲望**。企业发展需要创新，创新的主体是研发人员。员工参与决策的方式可以打破原有企业制度对人的创新欲望的禁锢，更好地发挥人才的智慧和能力，激发研发人员的主观能动性，促使其将个人的隐性知识在组织内部实现充分的交流和共享，将潜在的创新能力转换为现实的研发能力。中国重燃建立了独立的技术决策体系，将组织模式由直线职能型变革为项目式、矩阵型，通过授权分权决策，集合稀缺、优质资源，确保了技术体系的有效运转。

**明晰责任，构建追责体系**。责任机制具有监督和约束的作用，可以有效降低研发错误或失败的概率，有利于研发项目高质量、高效率完成。相反，责任不到位、不明晰、不能确定责任大小、互相推卸责任，都可能错失研发成功的机会，进而贻误市场良机。中国重燃构建了环环相扣、追责问效的研发管理和责任体系以及贯穿产品、系统、部件的系列成本基线和责任矩阵，严格落实项目各级目标的成本责任。责任清晰到位，不"甩锅"、不逃避，敢担当、敢作为，成为推动重燃专项研发成功的重要保证。

**注重细节，提升管理水平**。细节决定成败，良好的细节管理是公司良性发展的可靠保证。在中国重燃的管理制度创新中，"P+P 模式"①、点—线—面追踪、敏捷管理、质量计划全覆盖、技术状态控制、成本基线及责任矩阵等，无不体现着细节。

**开放包容，允许试错失败**。研发作为一种技术创新的过程，存在着高度的不确定性和风险。中国重燃在专项攻关中，提出开放包容的研发理念，即要以世界眼光和战略思维博采众长、海纳百川；尊重和理解研发人员，并信任、回报、成就研发人员；遵循研发规律，在一定程度上允许失败和错误。同时，公司通过开展基于点—线—面的进度跟踪与偏差分析，并引入 FMEA② 风险管理工具，开展基于风险的预防性质量控制，使专项的研发风险处于可控范围内。

## ▶ 多维施策进一步完善制度设计与管理

任何一个企业的制度都不是尽善尽美的，制度需要与时俱进，既要顺应

---

① 指中国重燃的公司党建与企业管理相结合的方式。——编者注
② 指失效模式与影响分析，即潜在失效模式及后果分析。——编者注

市场的变化，也要顺应人性的追求。制度设计如果能够从"让我做"转变为"我要做"，则更能适应重燃专项的需要，为此可考虑在如下方面进行完善创新。

完善知识产权分配制度，尊重研发人员的辛勤付出。长期以来，一直存在谁出资谁就享有知识产权的思维定式和研发人员收取工资、不应再索求知识产权的错误观念，这忽视了知识创造价值的基本逻辑，会助长研发过程中的"道德风险"。因此，必须尊重和承认研发人员对知识产权的贡献。从微观角度，有利于发掘科研人员潜能，吸引优秀人才，提升企业竞争力；从宏观角度，有利于推进科技发展，提升国家核心竞争力。

完善薪酬激励制度，激发研发人员的工作积极性。研发一旦成功，就具有很高的市场价值和社会价值。给予研发人员薪酬回报，是对知识创造价值、知识创造者得到合理回报机制的肯定。研发人员的薪酬回报要与其对研发成果的贡献保持一致，其形式可以多样化。中国重燃可以借鉴现代薪酬激励机制，坚持将团队激励和成员激励相结合，推动科研评价评估体系继续完善并向纵深发展。同时，可实行差别化激励，树立骨干研发人员薪酬回报典型，激励更多研发人员增强个人能力、提高研发效率，增强企业内生创新动力，推动企业的可持续发展。

完善风险共担制度，明确研发人员的相应责任。现代公司治理的基本理念是权力和责任必须对称，享有权力就必须承担对应的责任。有权无责少责，会导致权力膨胀；有责无权少权，则会导致动力不足。对研发而言，这两种情况都会降低研发的效率和成功率。对于重大项目的研发，分清楚哪些是可以避免的失败和错误，哪些是可以减少的失败和错误，对于这两种失败和错误，相关人员和机构要承担相应的责任。中国重燃可继续完善科技创新容错纠错机制,并使其与风险共担机制相互衔接,增强重燃专项推进的机制合力,在一定程度上走出科技专项补助管理办法风险完全下移、影响项目启动与推动的困境。

# 数字平台企业的组织特征与治理创新方向

邱泽奇

北京大学博雅特聘教授、中国社会与发展研究中心主任、数字治理研究中心主任、社会学系教授、教育部长江学者特聘教授

本文讨论的数字平台企业（digital platform enterprises，以下简称 DPE）指运用数字技术进行生产和服务以及为其他企业的生产与服务提供服务的企业组织，"数字平台"是这类企业独有的特征。近些年，对这类企业有诸多情境性的称呼，如在中文语境里的平台、市场平台、电商平台、网络平台、网络交易平台、互联网平台、平台组织等。再如英文语境里的数字平台、数字经济、平台经济、平台生态系统。到目前为止，对这类企业尚无一致的准确称谓和定义。国家市场监督管理总局会同中共中央网络安全和信息化委员会办公室、国家税务总局于 2021 年 4 月 13 日召开互联网平台企业行政指导会，互联网平台企业可以被认为是中文语境下人们对这类企业的官方称呼。本文不关注对这类企业进行定义的具体情景，而试图透过 DPE 类型探讨其组

织特征，以增进对其治理的理解。

如果以互联网技术的社会化应用为标志，将1993年出现的第一个万维网浏览器万花筒（Mosaic）算作起点，则DPE的发展历史至今也没多少年。其中，有27年处于自由发展（俗称"野蛮生长"）阶段。在那个时段，对DPE，不仅市场张开双臂欢迎，政府也积极鼓励，社会更是欢呼雀跃。可好景不长，2018年3月，欧盟委员会发布立法提案，拟针对DPE征税（俗称"数字税"），由此拉开了对DPE进行制度性治理的序幕。几年来，世界主要经济体的政府、企业和社会围绕DPE治理展开了一系列讨论，涉及治理对象、治理主体、治理内容、治理手段等诸多话题，真知灼见和误解谬论等层出不穷、泥沙俱下。作为对DPE治理的尝试，立法法案也不断出现。[1]

人们一方面身处数字环境之中，享受着数字化带来的便利和红利，另一方面又反思身处的数字环境，带着疑惑的心态考量DPE带来的影响，思考的出发点从早期的数字红利转向数字化带来的利弊分析和比较，从红利机制、数字剥削到人类未来，不一而足[2]。在中国，数字经济是促进发展的新动能，数字化是人类不可逆转的未来，这已成为人们的共识。面对数字化的利与弊，我们的观点是，与其在利弊之间不断纠结，不如认清数字化的本质，轻装上阵，面向未来。其中，认清DPE的组织特征是认识数字化本质无法回避的关键环节。这是因为DPE是数字化的主要甚至关键实践力量。

---

[1] 以2018年欧盟的《通用数据保护条例》（General Data Protection Regulation, GDPR）为标志，世界主要经济体如中国、美国、欧盟近几年颁布了一系列法律来规制DPE的行为。在中国，针对DPE的法律和规则有几十种之多，比如2021年11月1日起实施的《个人信息保护法》。

[2] 从普通用户、知识精英到主要经济体的政府，对数字化的认识还处在发展之中，不同立场的认识和观点不断涌现，精彩纷呈、格局复杂，急切地呼唤着对数字化本质的探讨和认识。限于篇幅，文中不做列举。

本文从社会学的组织研究视角出发，试图在组织的三种主要形制比较中探讨 DPE 的要素特征，为探索针对 DPE 的治理提供知识基础。接下来的讨论分为三部分，第一部分在比较中刻画平台制组织的基本特征，即平台制是科层制和市场制的混合体；第二部分讨论 DPE 的参与者、目标、结构、技术等组织要素特征；第三部分探讨 DPE 的可能治理创新。

## ▶ 作为组织形制的平台制

组织是人类基本的社会特征。《荀子·王制》曰："力不若牛，走不若马，而牛马为用，何也？曰：人能群，彼不能群也。"用组织方式回应人类面对的威胁和满足人类的需要是人类的社会性本能。因此，有学者指出，人类是组织起来的社会，社会的本质其实是组织。

组织与人类相伴随，在人们的想象中，人类应该有丰富的组织形制。可事实上却只有三种：科层制、市场制、平台制。本文讨论的数字平台企业其实只是平台制的子类。为了更好地理解平台制，我们先对科层制和市场制作简要回顾，在比较中观察平台制的组织特征。

对科层制的探讨起始于马克斯·韦伯。尽管科层制早就存在于人类社会，古典军队是典型的科层制，可科层制对社会生活产生广泛影响却发生在工业革命之后。工业革命带来的工厂制组织在本质上改变了人类的生产和生活，也因此得到广泛关注。早期的工厂制是另一种典型的科层制。

根据韦伯对科层制用理想类型进行的刻画，一个典型的科层制组织至少有 6 个特征：（1）岗位分工且岗位的权责明确；（2）岗位分等，下级接受上级指挥；（3）成员符合岗位对专业资质的要求；（4）管理人员有专职岗位，而不一定是组织所有者；（5）依规则和纪律运行，且毫无例外；（6）排除私人感情，成员间只是工作关系。把这6个特征综合起来，可以认为科层制是一个依据组织目标和组织技术建构的岗位结构，在理想状态下，如果把符合资质的劳动者填补到岗位上，组织理应自动运行。这很容易使人们想到泰勒制。如果把韦伯的科层制和泰勒的科学管理原则放在一起，随即会产生一幅人与机器共同工作的工厂图景：一个依照设计顺利运行的生产体系。

显然，这是机器社会，不是人类社会。科层制对人类理性的理想类型也因此遭遇众多挑战，主要发达国家的学者都对科层制进行过批判与反思。尽管如此，人们也不得不承认，科层制抓住了人类工厂制的本质：依照岗位组织起来的协作结构，让参与其中的人形成一个有明确职责和身份边界的组织化群体，是发挥人类力量的有效方式。虽然没有一个组织能完美套用韦伯科层制的理想类型，但是具有科层制本质的政府、企业、社会组织依然是人们最常见的组织形制。

与科层制对应的另一种组织形制是市场制。人们对市场有多种理解，最容易将其与日常生活关联，将市场想象为菜市场、服装市场、综合商场，可那不是准确意义的市场。"在现代经济中，市场是一种基本组织形式"。其实，不仅在现代经济中，在一般社会意义上，市场制也是一种基本组织形制；在治理意义上，市场制是与科层制对应的人类组织形制。在针对人类经济活动的探讨中，威廉姆森明确地把科层制与市场制进行对应，引进交易成本概念探讨经济活动的治理机制。在主流经济学中，市场制被默认为是支撑买卖双方交易任何商品的组织形制。

如果说科层制是一种岗位结构，那么，市场制则是一种行动结构。市场制的岗位结构异常简单。理论上，一个市场只有买家和卖家，一旦交易结束，岗位结构可随即解体，市场也可随即解散。在岗位结构的稳定性上，科层制与市场制形成鲜明对照。不仅如此，韦伯科层制的6个特征在市场制中几乎均为反向镜像，归纳起来可以这么表述：市场制的原意是指一个责权明确却不固定、没有岗位等级、没有岗位专业资质要求、没有专职管理岗位、没有统一规制，且可以纳入私人情感的组织规制。在市场制中，人们的基本工作是在与其他行动者的互动中找到自己的立足点，促成交易的达成，因此，寻找自己的立足点成为市场行动的持续行动。我们甚至可以把市场制理解为一种随交易行动而变化的随机过程组织形制。

与科层制和市场制均不相同的是平台制。在形制发展史上，平台制与科层制和市场制一样古老，也伴随着人类的组织活动。祭祀和庆典是人类古老的组织活动，其形制正是平台制。只是，与科层制和市场制比较，平台制在人类历史上出现得更少，运用得更少，因此被人们完全忽视或忘却。

随着更大规模公共事务在19世纪的兴起，更多社会行动者运用平台传播自己的政治观点和社会主张，平台制才引起人们的关注，杰夫森三卷本的《平台：兴起与进程》正是这一关注的见证。从英国工业革命到法国大革命，在风起云涌的社会运动中，平台制是最主要的组织形制。1820年前后，平台制被用于刻画公共集会的场所，且向更加广义拓展，以至于人们将所有具有公共性的集会场合都称为平台。根据吉丁斯的说法，在"政治事务中的非行政倡议权"（the right of non-administrative initiative）成为法律和实践的正式组成部分之后，平台概念正式成为英国宪法体制的一部分。基于平台形制在英国的发展，杰夫森认为平台是表达、告知和控制公共观点的工具。不过，杰夫森的平台定义过分局限于英国工业革命后的公共政治发展和形制，未能区分"行政会议"和"政治集会",且忽视了其他文明的平台制,进而制约了其对平台制多样性的理解。

杰夫森对平台制的关注并没有马上出现后继者,直到一百多年后,随着数字平台企业的兴起,平台制才再次得到人们的关注。有意思的是,在人们关注 DPE 时,仿佛忘记了一百多年前已有的探索,更多地把注意力放在了当前。在管理学领域,1996 年,也就是互联网门户在中国出现之前,希波拉在组织研究领域重新提起了平台制,她指出,平台组织是"能在新兴的商业机会和挑战中构建灵活的资源、惯例和结构组合的一种结构"。遗憾的是,她只关心平台制的商业意义。在经济学领域,随着双边市场议题因法国经济学家让·梯若尔获得诺贝尔经济学奖而走热,经济学界开始关注平台制,且以为其是一种新型组织。

其实,作为组织形制,平台制从过去到现在,都有其一致的内核。如果说科层制的核心在于分科分等的结构即岗位结构,市场制的核心在于交易行动即供需匹配的达成,那么,我们认为,平台制的核心在于岗位与行动的协同。在非严格意义上,平台制可以被理解为科层制与市场制的混合体。一方面,平台制有着类似于科层制的岗位结构,只是平台制的岗位结构不是构造一个边界相对封闭的组织,而是构造一个边界相对开放的组织生态,在结构上呈现为"科层组织 + 关联关系网络"的形制。另一方面,平台制有着类似于市场的交易行动结构,只是平台制的行动结构不再是理想中完全自由的交易行动结构,而是受平台约束的交易行动结构,即双边市场。

简单地说,平台制是科层制与市场制的集合。这样的集合也存在于人们的日常生活中,如交易聚集的场所、麻将馆。在这些场所,一方面存在双边市场,同时也存在科层组织。

那么，数字平台企业又有何新奇之处，值得人们鼓腹而歌或昂首而骂呢？

## ▶ 数字平台企业要素分析

为在比较中理解 DPE 的特点，我们把没有数字化的组织形制包括平台制称为传统组织，运用组织要素分析 DPE 的特征，以避免在互联网平台组织讨论中常见的不着边际的观点陈述或罗列。

作为组织的三种形制之一，DPE 的要素依然可以被归纳为：参与者、目标、结构、技术和环境。鉴于 DPE 的环境处于剧烈变化之中，且与本文的第三部分讨论密切相关，在这一部分，只讨论前四个要素。与传统组织不同，在参与者要素中，DPE 的特别之处还在于规模巨大，以至于除政府组织以外，没有组织可以望其项背。因此，在下面的讨论中，我们将拓展传统的组织要素分析，增加对组织规模的探讨。为了使比较分析更加聚焦，鉴于数字平台组织更多的是企业组织，我们也将忽视其他类型的平台组织而聚焦于企业组织，即 DPE。

**参与者**。与传统组织比较，DPE 最突出的特征是规模巨大，我们的分析就从规模开始。规模不是组织要素，是参与者要素的表观呈现。参与者指具有组织成员身份的岗位承担者。如前所述，科层制的核心是岗位结构。岗位结构的排他性构造了清晰的组织边界，也形成了传统组织的参与者特征，即韦伯所谓的满足岗位资质要求的参与者，俗称专（职）业参与者。分工的细密化让专业区分变得容易，传统组织的参与者更多是具有专门技能的岗位承担者。

与传统组织不同，DPE 的参与者难以直接采用岗位承担者定义法。一家典型的 DPE 通常由平台和平台参与者两部分构成。平台指提供生产和服务的核心部分，即人们常说的阿里巴巴、腾讯、字节跳动、百度等公司。在形制上，核心部分依然是科层制内核，采用科层制变体的组织构架，如大多采用事业部制，员工依然由企业赋予身份，从企业获得劳动报酬。

可是，仅有核心部分，DPE 是不成立的。如果仅有核心部分，平台为谁提供服务呢？为谁生产呢？没有平台参与者，平台就没有意义。平台参与者是 DPE 的有机组成部分。而平台参与者又有一个复杂的构成。不同类型的 DPE，平台参与者的参与属性也不同，其结构却是一致的，通常由生产和服务企业及其用户构成。在表观上，平台参与者与传统组织没有不同，二者本质的不同在于核心部分与参与部分的关系。传统组织的核心与参与关系，虽然经历了多次演化与迭代，但依然是相互独立的上下游关系。核心部分提供产品或服务，参与部分承接产品或服务，产品或服务掌握在核心部分的手里，用户掌握在参与部分的手里，用户与核心之间没有连通，没有形成产品或服务流通闭环。为防止投机，双方都愿意保持独立性。DPE 的核心与参与关系因数字化而产生了一种本质上的改变，产品或服务与用户连通，形成了产品从生产、流通到服务的闭环。有趣的是闭环的路径。如果在平台参与部分之间实现产品或服务的闭环，核心便没有存在的必要了。问题是，平台参与部分的产品或服务提供企业没有能力构造闭环，或即使有能力构造闭环也会因成本过高不可持续而无意构造。平台核心集合无数平台参与部分的生产或服务意愿，打通产品或服务闭环，形成了经济学的规模效应，既让核心部分有了存在的必要，也让产品生产或服务企业及其用户成为 DPE 的有机组成部分，形成了 DPE 核心与参与之间的互利生态。一些研究将 DPE 称为生态系统是持之有据的。

核心部分与参与部分关系的本质改变，形塑了 DPE 完全不同于传统组织的参与者特征。第一，DPE 的参与者不再限于核心部分的岗位承担者，而是纳入了产品或服务闭环中利益相关者的复杂构成。第二，DPE 的参与者不再以岗位承担者计数，而是以与核心连接的利益相关者计数，更名为"元宇宙"（Meta）的脸书（Facebook），其参与者规模[①]近 30 亿，是世界总人口的八分之三，超过任何一个国家的人口规模。

**目标**。DPE 参与者与传统组织的本质差异直接影响其组织目标的建构。作为企业，无论是传统组织还是 DPE，赢利是组织的第一目标，DPE 不因为其参与者构成的改变而改变赢利目标，改变的是围绕组织目标的实现路径。

为理解 DPE 的目标，我们要先了解传统组织的赢利目标及其关联因素。在传统组织的发展中，企业逐利的贪婪曾激起风起云涌的工人运动。虽然早在 1866 年 9 月的日内瓦国际工人代表大会上，马克思就提出了"8 小时工作制"倡议，可直到 1886 年 5 月 1 日的芝加哥大罢工，"8 小时工作制"才成为现实。企业参与者对工作与生活平衡的诉求还提出了一个效率之外的重要议题，即企业社会责任，在学术上被称为"公平与效率"[②]。

企业社会责任是企业与社会之间的桥梁，暗示着企业不再是单纯的逐利工具，也是实现社会公平的手段。实现社会公平是一个有经济成本的过程，企业获得效率是实现社会公平的必要条件。让企业效率转化为社会公平的方

---

[①] 参与者规模不一定限于实体人，而是社会学意义上的社会行动者，既可能是实体人，也可能是组织。
[②] 对此，霍桑实验进行了充分证明。

式是企业拿出一部分收益用于社会公益，如扶危济困、参与公共产品供给等。简单地说，传统组织的目标在社会公平诉求的压力下不再是单纯逐利，而是在效率与公平之间寻求某种平衡。

公平和效率原本是一对矛盾。工业化时代的理论和实践证明，效率和公平通常沿着两条路径发展，追求效率意味着企业必须追求绩效，朝着收益最大化方向发展；追求公平则需要在组织内外寻求公平，朝着公平最大化方向发展。在传统劳动分工体系和行业产业格局中，不仅行业内部是竞争性的，行业之间也是竞争性的。行业产业覆盖人口的差异性因行业产业的差异性而产生了社会差异性，行业产业竞争性的存在与强化，使得企业追求效率便会失去公平，强调公平便会失去效率。公平与效率之间的冲突塑造了传统组织落实企业社会责任的模式：先赚钱，再花钱。

DPE 核心部分天然的主导性消除了因直接竞争对公平性的侵蚀，让效率和公平有可能同时成为企业不言自明的属性，进而为 DPE 的组织目标提出了新的命题，即"效率的意义何在"成了平台企业必须面对的价值观选择。DPE 参与者的复杂构成其实为选择提供了方向。在 DPE 上，除了平台希望获利，商户也希望获利，用户或客户更希望获利，给定 DPE 参与者因规模效应一定有收益，因此，在参与者之间，公平地分配收益便成为 DPE 实现社会责任的新路径。

DPE 参与者的复杂构成和巨量规模使其可以不通过先赚钱后花钱的方式兼顾效率与公平，而是在追求效率的进程中通过内部治理和权益分配等方式维系一个公平环境进而实现公平，即实现一种有效率的公平。因此，是否追求且实现公平不再简单地受外部环境或公平因素的影响，而是受 DPE 价值观选择的指引。DPE 的目标也因此在本质上区别于传统组织的目标。

**结构**。DPE 的超大规模和双重目标与其结构紧密相连。尽管 DPE 是开放的，可如果将 DPE 做一时间切片，DPE 就依然是一个边界清晰的实体结构。与传统组织比较，DPE 的结构特征在于其不是单一实体，而是复杂实体。在传统组织中，科层制有着明晰的岗位结构，规模再大，无论是垂直结构还是矩阵结构，也是相对静态的、责权清晰的、边界明确的单一实体。结构变迁对科层制组织而言是伤筋动骨的大变革。市场制也有着明晰的结构，只关涉买卖双方，无论是动态市场还是固定市场，买卖双方的岗位责权是明晰的。复杂市场亦如此。即使规模再大，传统组织的岗位类型相对有限，岗位关系相对明确，组织结构也相对清晰。

与传统组织不同，DPE 是由众多相互作用的部分构成的复杂实体。为理解 DPE 的参与者，我们曾将参与者划分为核心与参与两部分，尚没有讨论两个部分内部和两个部分之间的构造。在形制上，核心部分依然采用科层制内核，即由岗位构造内核的功能体系。与传统组织不同的是，岗位之间的功能体系具有双重性，一面是内核内部的流程衔接，另一面是内核单元与参与部分之间的业务衔接，包括参与部分的用户关系。内核是一个连接内外的实体。

以可形象化的淘宝为例，淘宝的内核是负责淘宝各业务板块的岗位以及在内部形成的工作流程。以岗位中的淘小二（淘宝商家对淘宝系工作人员的统称）岗位为例，淘小二的基本职责是负责淘宝的某个业务板块，如在淘宝上售卖的女装、化妆品等；对内，不同岗位分工共同构造了整个淘宝的内容体系。同时，淘小二的业务活动还包括面向内核之外的商家和客户。某个板块的淘小二还有责任维系板块的高效运行，包括保持与商家和客户之间的紧密联系。如果淘小二的岗位活动仅限于此，便与传统百货商场没有差异，在形制上，百货商场也是平台组织。DPE 与传统平台组织在结构上的本质差异在于，在百货商场，板块活动掌握在商场业务员手里，可 DPE 不是。淘宝平台掌握着传统业务员掌握的一切，还掌握着传统业务员掌握不了的信息，如商家的运营状态、客户状态等。淘小二掌握的一切信息都来自平台。如此，淘小二和参与部分的商家在业务流程上都转向了依赖平台提供的数据来迭代和改善自己的业务或商家的运营。简单地说，如果传统组织包括传统平台是一种区块结构，区块之间没有关联的话，那么，DPE 在形制上也是区块结构，不同之处是在区块之间建立了高度连接，形成了 DPE 关联行动者之间的复杂网络结构。

直白地说，DPE 在总体结构上是核心与外围的，在岗位结构上是区块的，可在关系结构上却是网络的，且网络的细粒度深达个体行动者，三类结构共同构成了 DPE 的生态体系。从这个视角来看，可以将淘宝理解为交易生态，将腾讯微信理解为社交生态，将腾讯游戏理解为游戏生态，将新浪微博理解为内容生态，等等。值得注意的是，即使从生态视角观察 DPE，其承载的生态也是复杂生态，一家 DPE 的生态也是多样的，如腾讯作为一家以行动者连接见长的 DPE，承载了社交生态、内容生态、游戏生态、交易生态、支付生态等。微信作为社交生态也内含复杂生态，任何与社交关联的人类活动几乎都可以成为一个生态，如在社交生态中包含了内容生态（读书）、交易生态（交易）、支付生态（支付）等。DPE 作为组织形制的结构复杂性由此可见一斑。

**技术**。DPE 之所以能汇集巨大规模且构成复杂的参与者，在复杂参与者中寻求目标共识且改变传统组织的目标实现方式，为复杂参与者的复杂目标实现建构有效率的结构，依赖的是数字技术。

组织一旦建立便会追求自我扩张，这是组织的生存法则。可为什么没有任何一家传统组织在规模上可以与 DPE 相提并论呢？根本的约束因素是组织技术。社会学的组织研究将技术划分为两类，一类是生产技术，另一类是管理技术。前者指应用于组织生产和服务的设施设备等生产技术，也被称为硬技术；后者则指岗位结构等针对岗位行动者与岗位关系的管理技术，也被称为软技术。在传统组织中，无论是科层制还是市场制，其技术要素都由这两类技术构成。

在组织与参与者关系中，底层关系是管理活动对参与者的触达性。管理幅度的约束使得以实体岗位承担者为对象的管理活动不得不寻求平行结构与层级结构之间的平衡。假设根据企业生产或服务性质，8 人组是有效管理幅度的上限，则企业的有效管理结构便是一个以 8 为上限约束值的平行与层级平衡结构，8 人一组，8 组一班，8 班一排，依此类推，且以 8 层为上限。如此得到的企业规模始终有限。为突破限制，传统企业不得不依据业务和区域等因素进行拆分。这就解释了传统组织的规模约束，即面向实体岗位承担者的面对面管理，传统管理技术既希望规模巨大，又希望组织有绩效。

DPE 与传统组织在技术要素上的本质差别在于透过数字技术实现了巨大规模岗位承担者的管理，实现了管理活动对每一位参与者的触达。其实现方式不是传统的对岗位实体承担者的面对面管理，而是对岗位实体承担者的数字特征管理，如果考虑算法影响，还是依据规则的管理。在 DPE 上，承担岗位职责的是实体人，可对组织有意义的不是实体人，而是实体人的岗位行动、职务行动。传统组织通过人来管理行动，理念是岗位行动，指的是人的行动，管好了人才能保证岗位行动的绩效性。泰勒的科学管理运动试图略过人，直接管理岗位行动，可人的反思性让泰勒的理想在实现过程中大打折扣。为保证企业的竞争力，不得不通过生产技术的改进来带动管理技术的迭代，这便是过去百年企业技术发展的基本逻辑[1]。泰勒的问题在于只关注了岗位承担者的生产行动，而忽视了影响生产行动的关联因素，尤其是人的社会性关联因素[2]，且在传统管理技术中没有找到有效的解决方案。

数字技术消除的正是传统组织的这一痛点。DPE 的底层技术是数字连接。无论哪一类数字生态，数字连接是汇聚参与者和岗位行动的第一技术。亿级参与者的实体特征、岗位行动特征以数字形式汇聚，直接突破了管理幅度的约束，实现的是所有参与者的数字在场（digital in）。实体管理在形式上或许依然有管理幅度的约束，可数字管理在本质上却可以处理巨大规模参与者的参与行动与行动绩效。数字化汇聚在理论上可以实现所有岗位对所有参与者的筛选，同时，也可以实现所有参与者对所有岗位的选择，进而实现岗位需求与参与者资质的精准匹配。不仅如此，数字化汇聚还突破传统岗位工作的内容与任务，将其分解为岗位的内容工作或任务工作，在更细粒层次上实现资源精准匹配，实现资源效率的最大化和组织绩效的最优化。

管理技术是数字的，生产技术也是数字的，且两者之间难以区分。一家在 DPE 诞生的服装企业，从接受订单到设计、打样、生产、检验、包装、物流、配送、客服等每一个流程都是数字的，且不是由一家企业实现的，而是关联了 300 多家小微企业。这样的匹配，对传统组织来说是不可想象的，可对 DPE 而言却是再普通不过了，且难以区分哪项是生产技术，哪项是管理技术。

简单地说，对传统组织而言，如果说生产技术和管理技术是关联的，且生产技术变革是管理技术变革的触发条件，那么，两者之间的匹配便是影响组织绩效的关键因素。对 DPE 而言，尽管依然存在生产技术与管理技术的区

---

[1] 技术与组织关系的演进非常复杂。
[2] 对此，霍桑实验进行了充分证明。

分，可那仅仅是针对产品生产而言，在组织层次，在对组织绩效影响的意义上，两者之间的区分已经没有意义，且难以实现。

到这里，我们可以归纳 DPE 与传统组织的要素差异了。DPE 的组织要素与传统组织在概念上一致，在内涵上却发生了本质改变。第一，传统组织的参与者不仅规模不大，构成也遵循专业化原则，科层制和市场制均如此。DPE 的参与者不仅规模巨大，构成更加复杂，亦无规则化的专业化原则可循。第二，传统组织的目标虽有近期、远期之分和类型之别，总体上可以被认为是参与者目标与组织目标的同构，且因此在总体上形成了公平与效率的张力。DPE 目标的本质变化在于同构性目标的实现方式，DPE 可以创造一种让企业价值与社会价值同构的机制，在实现企业效率的同时实现社会公平，关键在于 DPE 如何进行价值选择。第三，传统组织的结构在总体上以业务流程为指引，科层制和市场制均遵循组织绩效最大化原则，在结构上难以摆脱岗位关联的硬约束，在形制上始终是区块结构。DPE 以业务网络为指引，在总体上是内核与参与，在业务上也是区块结构，本质变化在于突破传统组织边界将业务关系拓展为业务网络，深达个体行动者，从内核部分的组织成员到参与部分的商家客户，进而形成了区块与网络交织的结构。第四，传统组织的技术是生产技术主导的技术体系（包括管理技术），尽管生产技术与管理技术的关系始终是学界和业界争论的焦点，可面向岗位实体承担者的管理幅度有限性始终是其无法回避的痛点。DPE 跳出生产技术与管理技术之分，实现了每一个参与者的数字在场，还实现了企业资源的数字在场，让资源配置有机会实现整体最优，复杂参与者也有机会实现收益最大化。

把四个要素整合起来可以发现，DPE 是以数字连接为底层技术，汇聚利益相关参与者包括客户，透过数字资源实现精准匹配，革命性提升组织绩效，实现有效率的公平的组织形制。

## ▶ 数字平台企业治理创新的方向

尽管在类型上 DPE 依然是平台制，却是历史上未曾有过的平台制。如果我们从组织内部跳出来看，DPE 的组织特征会更加鲜明。

第一，DPE 规模一定是大的。DPE 汇聚了参与者、生产资源、服务资源等生产要素且实现数字化，才产生了新的、在层级上高于组织要素的要素：数据。数据的要素化是以规模为条件的，一个简洁的线性逻辑便可以证明。单个行动者的时点行动产生的是时点数据，是孤立的，难以建立关系属性，没有意义，也没有价值。单个行动者的多个时点数据可以建立时点行动关系，只是建构的关系极有可能是离散的，既没有意义，也没有价值。从单个行动者拓展为两个行动者，就会部分改变关系属性的性质，使其成为有意义却没有商业价值或社会价值的数据。进一步将数量拓展为三个行动者，就会彻底改变关系属性的性质，使其不仅有意义，而且有一般意义上的价值，这便是连通性的意义所在。数学家和网络科学家从数理逻辑和网络效应都证明了这一点。让数据成为要素的，无论是作为经济要素还是社会要素，规模一定是大的。因此，数据作为要素以数据的规模为条件。数据规模越大，数据的要素属性越强。

对 DPE 而言，追求关联活动的拓展以期扩大其规模是组织本性决定的。理解这一点便可以理解阿里巴巴为什么会从数字交易拓展到数字支付，从数字支付拓展到数字征信，从数字征信拓展到数字金融，从数字金融拓展到数字生产，等等。DPE在范围上的扩张是追求规模更大的行动之一，其本质上还在于最大限度地挖掘数据要素的价值，目标还是满足企业的本能，即收益最大化。因此，在自然逻辑上，DPE一定是大的，且只有大，才会有竞争力，才会有机会满足复杂行动者的收益诉求，才会有机会实现有效率的公平。

第二，DPE行动具有两面。用传统组织视角来观察DPE，第一个能想象的极有可能是规模，由规模联想的第一个行动则极有可能是垄断。可是，此大非彼大，DPE的大与传统组织的大有着本质上区别。

一方面，DPE的大是生态性的大，在生态内部有着复杂的产业和行业构成，可传统组织的大是单个产业或行业的大。在一个产业或行业内，超级企业的存在会天然形成垄断和抑制竞争，而DPE难以在一个产业或行业因为生态的大而形成垄断和抑制竞争，这是因为在另一个生态或也存在相同的产业或行业，行业或产业会在生态之间形成竞争，促使生态不断优化。

另一方面，DPE的大还是数字化的大，这意味着DPE以巨量数据为支撑，且是行动者与资源的关联性数据，即具有经济要素属性的数据。如果一定要说大等于垄断性，便意味着DPE对数据具有垄断性，并暗示，只要DPE愿意，就可以用数据做任何事且无分善恶。换个视角观察DPE的数据垄断，意味着DPE的数据跳出了行业和产业组织范围，进入一般要素层次。

这便带来了一个悖论：一方面是，追逐大规模是DPE的本能，组织规模越大，数据量越大，数据的一般要素性越强，在国际竞争中越具有竞争优势。另一方面是，数据量越大，数据垄断性越强，在组织范围内越具有影响优势，且影响优势的外溢效应也越凸显。当组织规模不影响社会选择时，影响优势对社会的意义不大。当组织规模足以影响社会选择时，影响优势对社会的意义随即涌现，表观上是因组织规模而外溢的社会效应，本质上，却是因数据汇聚产生的直接社会影响。英国脱欧、美国大选都是现实例证。由此可以理解在美国为什么有人会对脸书规模的反应如此激烈，在扎克伯格宣布将脸书更名为元宇宙后，激烈的反应持续发酵。DPE 带来的竞争优势与影响优势之间的冲突，正是 DPE 悖论的核心所在。

DPE 悖论也因此为数字平台企业治理带来了严峻挑战：如何既鼓励 DPE 保持和运用规模优势，在国际竞争中保持和增强竞争优势，同时，又抑制 DPE 滥用数据垄断地位、破坏市场秩序、带来或恶化社会不平等，还鼓励 DPE 运用数据规模优势，实现有效率的社会公平，促进社会平衡发展呢？

治理是一个意义广泛的概念。在组织治理中，至少需要区分内部治理和外部治理。内部治理是组织依据法律和法规开展管理活动的一部分，从规则制定到规则执行，从结构建构到结构调整，都可以解释为组织的内部治理。组织的内部治理因组织特征的差异而千差万别。外部治理则是指针对组织的治理，指组织之外的力量尤其是代表社会的政府用规制和奖惩行动对组织的褒扬和惩罚。

在传统组织治理中，针对市场的治理与针对科层制的治理非常不同。在内部治理中，如果说科层制的治理是以规则和结构为中心的治理，如激励机制与结构优化，那么，市场的治理则是以行动为中心的治理，如行动的合规性和效率的提升；在外部治理中，国家针对科层制和市场的治理虽然在内容上有差别，可在治理原则和手段上却是一致的。在原则上，关注企业行为的政治与社会的合法性、社会与经济的公平性；在手段上，用制度控制价格、促进供需平衡，保障履约。

然而，DPE 的治理却出现了一个新内容，即因巨量数据带来的溢出效应。其实，治理挑战已经为治理努力提供了方向，即在鼓励DPE做大做强、增强国际竞争力的同时，抑制其用数据侵蚀政治与社会的合法性、损害社会与经济的公平性，让DPE的规模效应促进社会的发展。简单地说，DPE治理的焦点是DPE的数据运用行为和数字红利分配的治理。

在过去一段时间，世界各国都在摸索对DPE的外部治理方略，大致有两个主导方向。一是针对DPE行为的治理，如中国、美国、欧洲各国等主要经济体针对DPE的反垄断，从欧洲开始的数字税等。二是针对DPE独有要素即数据的治理，中国、美国、欧洲各国在各自具体情况之下，以不同对象为抓手，朝着不同的方向在努力。如欧盟于1995年制定了《计算机数据保护法》，2018年又颁布了《通用数据保护条例》，试图以数据隐私为抓手，专注数据风控。美国2009年制定了《开放和透明政府备忘录》，随后又颁布了一系列的法律，以数据开放为抓手，专注数据流通。中国则处在多路并进的探索之中，一方面试图通过数据交易发挥数据资源的经济效用，促进数字经济的发展，另一方面又试图遏制DPE侵犯个人隐私或滥用数据损害弱势群体如个体和小微组织的利益。

可是两个主导方向似乎更应该关注DPE外部治理的关键抓手，即DPE的数据运用行为和数字红利的分配。其实，要说既有的治理努力完全没有关注到，也不是事实。中国、美国、欧洲各国对算法的关注便是对数据运用行为关注的一部分，只是对DPE数据运用治理的方向性和基本原则还不明晰，这也应该是治理创新的方向之一。为充分发挥DPE的规模效应，我们认为，针对数据运用行为的治理可以遵循底线思维的方式，即放任DPE创新数据运用的范围和方式，底线是不能损害利益相关方的利益，更不能损害社会公平。

对数字红利分配，无论是生态内部分配还是外部分配，既有的治理尝试都缺乏相应行动，这也是治理创新亟待加强的领域。类似在工业社会初期产权探索之于企业治理的意义一样，对数据权属缺乏理论与实践认识已经成为数字红利分配治理的探索的瓶颈，DPE 治理的发展与成熟还有相当长的一段路要走。我们认为，加强对数据权属及其与数字红利关系的探讨是 DPE 治理创新的当务之急，也是中国之治贡献于人类命运共同体的制度风口。

## ▶ 结 论

平台制与科层制、市场制平行，是人类社会古老的组织形制之一，在工业时代因其对社会的影响有限或难于接触而较少受到关注。DPE 是古老组织形制在数字时代的创新，创新的核心在于运用数字技术实现了组织要素的高度互联，也因互联而在 DPE 的核心部分汇聚了组织及其要素的巨量关联数据，形成了 DPE 与传统组织包括传统平台组织的本质差异，人类的组织也因此翻开了崭新的革命性一页。

DPE 的组织要素与传统组织的要素一致，都有参与者、目标、结构、技术，可是每一个要素都因为数字化的高度互联而产生了本质差别。（1）DPE 的参与者不再是单纯的岗位承担者，而是包括了核心部分岗位承担者在内的复杂参与者，形成了核心与外围、生产与服务、企业与用户混杂的参与者集群，也因此使得参与者呈现为巨量规模。（2）DPE 的基本目标依然是盈利，一个本质的改变是，效率与公平不再受行业产业竞争性的影响，不再是零和结构的目标而可以成为激励相容的目标，参与者的复杂构成为 DPE 在盈利进程中通过多个路径用经济手段实现社会公平提供的机会。（3）DPE 的结构也不再是单纯的基于业务的岗位结构，而是在表观上呈现为内核与参与、在业务上呈现为区块、在关系上呈现为网络，实体与数字一体的元结构。一个更加本质的改变是，结构的每一个节点之间不再有连通障碍，而是以数字形式高度互联地汇聚在核心部分，形成每个参与者和每个结构单元都依赖的资源中心，这也是与传统组织结构的本质差别之一。（4）DPE 的技术不再是生产技术与管理技术泾渭分明的两类技术，而是两类之间高度互嵌与互融的技术，且以数字技术为基本载体和支撑。数字技术是 DPE 要素发生本质改变的起点与落脚点。

因 DPE 要素本质变化带来的后果不仅是 DPE 的运行与绩效高度依赖数据，DPE 汇聚的巨量数据也成了生产资源、经济要素，甚至一般社会要素。数据的要素化为 DPE 的治理带来新的挑战，也成为搜寻正确治理方向、制定正确治理原则、创新有效治理工具的起点和落脚点。我们认为，针对 DPE 规模的治理逻辑是错误的。正确的治理逻辑应该是充分运用 DPE 的组织特征即大规模和复杂性，充分发挥规模优势、规模效应的竞争优势，有效抑制其运用数据给利益相关者和社会带来的公平性损害，并积极探索数据权属规制，促进 DPE 在内部和外部的数字红利分配中实现公平，进而促进社会公平。

## 参考文献

[1] ASADULLAH A, FAIK I, KANKANHALLI A.Digital Platforms: A Review and Future Directions[J].PACIS,2018:248.

[2] CIBORRA C U. The Platform Organization: Recombining Strategies, Structures, and Surprises[J].Organization Science,1996,7(2):103–118.

[3] GAWER A., Platforms, markets and innovation[M].Edward Elgar Publishing,2011.

[4] GIDDINGS F H.The nature and conduct of political majorities[J].Political Science Quarterly,1892,7(1):116–132.

[5] Jephson H L. The platform: Its rise and progress[M].Macmillan and Company,1892.

[6] PARKER G G, VAN ALSTYNE M W, Choudary S P. Platform revolution: How networked markets are transforming the economy and how to make them work for you[M].WW Norton & Company,2016.

[7] PERROW C.A society of organizations[J].Theory and society,1991:725–762.

[8] RIETVELD J, SCHILLING M A, Bellavitis C.Platform strategy: Managing ecosystem value through selective promotion of complements[J].Organization Science,2019,30(6):1232–1251.

[9] TAPSCOTT D.The digital economy: Promise and peril in the age of networked intelligence.–New York, NY, USA: McGraw–Hill[J].1996.

[10] 艾伯特–拉斯洛·巴拉巴西.链接：商业、科学与生活的新思维[M].沈华伟,译.杭州：浙江人民出版社,2013.

[11] 奥利弗·E.威廉姆森.市场与层级制：分析与反托拉斯含义[M].蔡晓月,孟俭,译.上海：上海财经大学出版社,2011.

[12] 彼德·布劳,马歇尔·梅耶.现代社会中的科层制[M].马戎,时宪明,邱泽奇,译.上海：学林出版社,2001.

[13] 陈玲.市场平台组织体系及运行模式研究[J].经济问题,2010(10):54-57,78.

[14] 弗雷德里克·泰勒.科学管理原理[M].黄榛,译.北京：北京理工大学出版社,2012.

[15] 莫洛·F.纪廉,南德尔·科林斯,保拉·英格兰,等编.新经济社会学：一门新兴学科的发展[M].姚伟,译.北京：社会科学文献出版社,2006.

[16] 井润田,赵宇楠.平台组织：热潮中的反思[J].清华管理评论,2016(9):33-38.

[17] 李广乾,陶涛.电子商务平台生态化与平台治理政策[J].管理世界,2018,34(6):104-109.

[18] 刘世定.经济社会学[M].北京：北京大学出版社,2011.

[19] 马克斯·韦伯.经济与社会[M].林荣远,译.北京：商务印书馆,1998.

[20] 乔治·梅奥.霍桑实验：为什么物质激励不总是有效的[M].项文辉,译.上海：立信会计出版社,2017.

[21] 邱泽奇.技术与组织：学科脉络与文献[M].北京：中国人民大学出版社,2018.

[22] 邱泽奇,范志英,张樹沁.回到连通性——社会网络研究的历史转向[J].社会发展研究,2(03):1-31,242.

［23］邱泽奇,张樹沁,刘世定,等.从数字鸿沟到红利差异——互联网资本的视角[J].中国社会科学,2016(10):93-115.

［24］宋锴业.中国平台组织发展与政府组织转型——基于政务平台运作的分析[J].管理世界,2020,36(11):172-193.DOI:10.3969/j.issn.1002-5502.2020.11.013.

［25］孙国强,石海瑞,邱玉霞.网络交易平台治理结构的靶盘模型——一个跨案例研究[J].管理科学,2021,34(2):81-97.DOI:10.3969/j.issn.1672-0334.2021.02.007.

［26］吴沈括,胡然.平台治理的欧洲路径：欧盟《数字服务法案》《数字市场法案》两项提案分析[J].中国信息安全,2021(1):71-74.DOI:10.3969/j.issn.1674-7844.2021.01.016.

［27］徐清源.数字企业平台组织的结构、行动和治理[D].北京：北京大学,2021.

［28］喻国明,李彪.互联网平台的特性、本质、价值与"越界"的社会治理[J].全球传媒学刊,2021,8(4):3-18.DOI:10.16602/j.Gjms.20210027.

［29］詹姆斯·E.米德.效率、公平与产权[M].施仁,译.北京：北京经济学院出版社,1992.

［30］周德良,杨雪.平台组织:产生动因与最优规模研究[J].管理学刊,2015,28(6):54-58.DOI:10.3969/j.Issn.1674-6511.2015.06.008.

［31］周辉.网络平台治理的理想类型与善治——以政府与平台企业间关系为视角[J].法学杂志,2020,41(9):24-36.

# 推动我国文化企业国际化迈上新台阶

王海文

北京第二外国语学院经济学院副院长、教授，国家文化发展国际战略研究院研究员

为了促进我国文化企业国际化向更高水平发展，要积极打造具有国际话语权和影响力的平台和渠道，大力增强文化企业国际化协同和信息服务共享能力，持续推动文化企业全球价值链构建和国际分工合作深化，加快文化企业国际化模式创新和战略规划差异化发展。

## ▶ 近年来我国文化企业国际化取得了长足进步

从外部形势看，不断深化的文化经济全球化以及加速构建的国际文化新秩序，为我国文化企业国际化创造了较长期的有利发展环境和条件；从内部

基础看，改革深化、经济结构优化升级以及科技和重大国家战略的引领和助力，正在增强我国文化企业国际化的内生动力和竞争力。由此，近年来我国文化企业国际化取得了长足进步。

统计显示，2018年我国文化产品和服务进出口总额1370.1亿美元，较上年增长8.3%。其中，文化产品进出口总额1023.8亿美元，较上年增长5.4%；文化服务进出口总额346.3亿美元，较上年增长17.8%。2018年我国文化、体育和娱乐业对外投资同比增长79.8%，达16.9亿美元，占我国对外直接投资额的1.3%，占比较前一年提升0.5个百分点。截至2018年年底，我国企业在全球52个国家和地区共设立文化及相关产业境外企业516家，累计直接投资98.1亿美元。由上可见，无论是对外文化贸易还是对外文化投资均反映出我国文化企业国际化态势良好。

进一步从文化企业所有制结构看，依据中华人民共和国财政部、中国共产党中央委员会宣传部联合发布的《国有文化企业改革发展报告（2018）》，我国国有文化企业资产规模不断扩大，利润持续增长，总体保持了稳健发展态势。截至2017年年底，全国国有文化企业资产总额45662.2亿元，同比增长23.6%；全年实现利润总额1481.2亿元，同比增长7.8%；净利润1287.8亿元，同比增长7.6%。同时民营文化企业也在蓬勃发展，在动漫游戏、网络文化等新兴业态中表现尤为突出。北京工商联合会发布的《2018北京民营企业文化产业百强调研分析报告》显示，"2018北京民营企业文化产业百强"在2017年实现出口总额1.11亿元，与2016年的8066万元相比，同比增长38.01%。

总体而言，当前我国文化企业正在加速国际化，不仅企业主体规模有了快速增长，结构更加优化，而且通过贸易，特别是投资的方式蹄疾步稳地走向国际市场。

## 我国文化企业国际化处在新阶段

无论从国内外形势和环境，还是从文化企业国际化状况和条件判断，我国文化企业正处于破解国际化瓶颈、全面提升国际化水平的战略发展机遇期和国际竞争力加速攀升阶段，呈现诸多新特征。

**内外互动融合**。虽然贸易保护主义以及复杂的国际经济环境为我国文化企业国际化设置了各种障碍，形成市场需求低迷多变、贸易壁垒重重的不利因素，但并未改变经济和文化全球化的客观趋势。全球文化分工的深化以及全球价值链在文化经济领域的延伸和构建，将进一步推进全球文化市场中要素、产品和服务的自由高效流动，使文化生产和消费以及合作日益呈现国际化的态势和特征。当前，我国文化企业国际化在深化改革开放指引下，正在构筑内外双向互动融合的新格局，贸易、投资全面发力，进出口与资本运作共舞，虽有风险和挑战，但是发展的机遇、空间和平台更加广阔。

**战略提升跨越**。"一带一路"倡议对我国文化企业全面开拓海外市场以及对外贸易和投资地理方向产生了深刻而长远的影响，使得文化地理空间格局加速改变。"互联网+"战略使我国文化企业国际化插上了科技的翅膀，在文化生产、平台打造、渠道和市场拓展等各方面都面临战略提升的可能。区域协同发展及一体化战略则为文化企业国际化获得更多的合力和内生动力提供了条件。从企业成长来看，越来越多的文化企业逐步向全球战略定位的文化企业转型发展，这是提升我国文化软实力和全球竞争力的必由之路。虽然这一跨越充满风险和挑战，却成为我国文化企业国际化迈上新台阶的重要选择。

**政策系统集成**。为了推动文化产业以及对外文化贸易和投资发展，近年来，我国出台了一系列涉及各领域、各环节、各方面的政策文件，既有金融财税、产业和贸易促进，也有行业发展、区域创新探索，对我国文化企业国际化给予了有力支持。这些政策顶层设计导向明显，部门协同紧密，有助于突破文化企业发展的瓶颈和困境，增强企业经营发展的内生动力，形成推动文化大发展大繁荣的政策体系。总体来说，当前我国文化企业国际化处于非常有利的政策环境。

**创新转型加速**。我国文化企业国际化既是企业创新发展的战略选择，也是企业转型升级的必然要求。国际市场和竞争意味着成长的蓝海，特别是对于高科技、新业态的文化企业，它们更需要广阔的创新空间。从当前我国文化企业创新环境看，无论是科技创新、品牌创新，还是管理创新、政策创新等各方面的创新均在加速，以应对激烈的竞争和不利的条件，推动企业更好地发展。

## 促进我国文化企业国际化向更高水平发展

第一，积极打造具有国际话语权和影响力的平台和渠道。当前促进我国文化企业国际化，对内要进一步降低"走出去"的制度成本和贸易、投资壁垒，特别是涉及服务贸易相关的壁垒，对外要深入研究国际协定和规则，准确研判市场和风险状况。在此基础上，着力推动平台经济的发展，花大力气为各类文化企业国际化提供特色化和差异化的平台和渠道，既能体现文化企业的特殊性以及文化产品与服务贸易的特殊规律，又能在文化贸易与投资中形成具有国际影响力的平台，进一步增强国际话语权。

第二，大力增强文化企业国际化协同和信息服务共享能力。与发达国家相比，我国文化企业在企业规模、经营管理水平、盈利能力等方面尚有很大差距，整体竞争力弱。因此，要通过政策扶持、行业规范、法律约束等途径增强我国文化企业在国际化过程中的协同发展，实现部门协同、行业协同、政策协同，促进信息服务的共享，减少市场信息不对称、不完善的问题，形成我国文化企业国际化战略协同合力，提升信息服务共享能力和水平。

第三，持续推动文化企业全球价值链构建和国际分工合作深化。当前我国文化企业所涉行业和业态愈加广泛多样，但是在广泛参与国际文化分工，形成具有全球影响力的价值链、产业链和创新链方面存在较大差距。因此，在我国文化企业国际化过程中，要积极配合"一带一路"倡议、"互联网+"等重大国家战略，在创新业态、促进融合、拓展市场、深化国际分工合作过程中推动全球价值链的构建，整体提升我国文化企业国际化水平。

第四，加快文化企业国际化模式创新和战略规划差异化发展。文化企业国际化既涉及与企业相关要素、资源的国际流动和配置，也有企业面向国际市场生产供给的产品与服务，还包括企业自身的国际化经营、投资，加之科技创新、管理创新、政策创新等为文化企业国际化提供的创新变革动力，国际化模式创新和探索的空间非常大。因此，要紧抓战略机遇，在自由贸易试验区建设、资本运作、贸易与投资一体化、跨界融合以及服务贸易模式创新等方面率先实现我国文化企业国际化模式创新的突破。同时要做好产业发展以及不同类型文化企业国际化经营的战略规划引导，提升我国文化企业国际化的整体水平。

**参考文献**

[1] 于帆.2018年我国对外文化贸易实现快速增长[N].中国文化报,2019-03-17(1).

[2] 孟妮.产业开放不断扩大,文化领域双向投资有序健康增长[N].国际商报,2019-03-29[版次不详].

# 民营企业治理与经营中的问题及出路

剧锦文

中国社会科学院经济研究所研究员、博士生导师

改革开放 40 多年来,民营经济已经成为推动我国经济发展不可或缺的力量。当前,一些民营企业在经营发展中遇到不少困难,广大民营企业家须直面企业内部问题,注重规范经营和基本制度建设,重视人才引进和信息化建设,树立正确的经营理念,在诚信意识、品牌意识、创新意识、契约精神的提升上不断发力,变压力为动力,让民营企业的创造活力充分迸发。

当前,由于外部因素和内部因素、客观原因和主观原因等多重矛盾,一些民营企业在经营发展中遇到不少困难和问题。2018 年 11 月 1 日,习近平总书记主持召开民营企业座谈会,会上总书记发出了从改善外部经营环境入手,支持民营经济发展的最强音。这次会议之后,相关政府部门、金融机构以及各级地方政府纷纷出台一系列鼓励、支持民营经济发展的政策措施,使民营企业又一次迎来大发展的机遇。在外部环境趋好的同时,广大民营企业

家也须直面企业内部的问题,要高度重视并积极采取应对措施。

## ▶ 中小型民营企业的"家族化"

"家族化"使中小型民营企业产权结构单一,并显示出"集权"趋势。

出于资金、人力和企业家才能的需要,我国的民营企业在创办时多数采用家族模式。时至今日,我国大多数民营企业依然是以家族为主的"一股独大"。根据全国工商联 2016 年第十二次全国私营企业抽样调查数据显示,2016 年,由本人或家族持有的企业权益资本的情况是:"一人企业"占 93.5%,"独资企业"占 92.9%,"合伙企业"占 71%,"有限责任公司"占 83.1%,"股份有限公司"占 68.8%。《中国民营经济发展报告 (2015—2016)》(以下简称《报告》) 也指出,近些年来,民营企业的去"家族化"倾向并不明显,而是呈波动状态。

产权结构的单一性和僵滞性必然使更多家族成员担任企业的高级管理人员。我们不妨看一下设有"新三会"的民营企业公司治理情况。2016 年民营企业设立股东会、董事会和监事会的比例分别为 54.4%、42.6% 和 25.5%,这甚至比前些年有所下降。而担任企业董事长的人选则主要是出资人本人或家族成员。《报告》的数据显示,企业董事长由出资人本人担任的占样本量的 87.9%,由出资人家族成员担任的达到 10%,由外聘人才出任的仅占 1.3%。

《报告》就"企业重大决策"的统计数据显示,2016 年,重大决策由"主要出资人本人"做出的占 53.9%,由"股东会"做出的占 21.8%,由"董事会"做出的占 14.1%,由"高层管理会议"做出的占 8.8%,由"职业经理人"做出的仅占 1.13%。显然，目前民营企业的重大决策不仅更多地由出资人本人或家族成员做出，而且出资人本人或家族直接参与企业日常管理。《报告》的数据显示，2016 年，"主要出资人本人""高层管理会议"和"职业经理人"直接参与企业日常管理的比例分别为 65.2%、17.6% 和 11.4%。与前些年的相同指标数据相比，均显示出"集权"而不是现代企业制度要求的"分权"趋势。

## ▶ 中小型民营企业家族制的封闭性与决策的非规范性

在竞争激烈和充满挑战的外部环境中，如果不能保证决策正确，那么企业的发展前景必然渺茫。

民营企业创办时采取家族模式在于解决资金、劳动力乃至企业家短缺等问题，然而，家族制的封闭性却又成为企业引入社会生产要素的障碍。

第一，家族制制约了优秀企业家的进入。上面的数据显示，大多数民营企业的主要决策者是由家族成员担当的，而掌控企业的家族成员未必是最好的决策者，这就意味着更优秀的外部企业家不可能被引入，从而形成了家族企业家自己对自己的"委托—代理成本"。

第二，家族制制约了要素的引入。由于企业不能引入优秀的决策者，外部的投资者就不会轻易投资，甚至高质量的劳动者也不会进入这样的企业。如此，企业只能进一步依赖家族和亲朋来解决这些问题，从而迫使企业走向更封闭的状态。

第三，失范的管理。家族制是按照家族理念治理企业的，它天然地会抵制以分权为特征的现代企业治理模式。企业所有者直接进行日常管理有时会按照家庭伦理而不是经济原则进行，这通常会致使企业管理混乱。不按规章行事甚至根本就没有系统的规章制度，这似乎已经成为许多中小型民营企业的常态。实践表明，这是十分不利于企业有效运行的，凡是企业内部管理混乱的，企业经营绩效通常也不好，特别是当企业遇到外部市场条件不利时，这类企业往往没有应对能力。时至今日，我国大多数民营企业的现代企业制度建设还停留在较低水平，企业依然是所有权与经营权合二为一的古典企业。当然，这也并不意味着所有民营企业都应按照现代企业制度设置股东会、董事会和监事会，但制定相应的规章制度如财务制度等则对所有企业来说都是十分必要的。

## 大型民营企业的股权多元化及其代理成本

股权多元化和资本的社会化是企业突破成长桎梏、不断壮大的必要条件，而当股权过于分散时就必然产生"代理成本"问题。

大型民营企业已经突破家族制的桎梏，大多数实现了股份化和资本的社会化，有的甚至挂牌上市了。根据大成企业研究院和社会科学文献出版社共同发布的《民营经济改变中国——改革开放40年民营经济主要数据简明分析》，1990年我国股票市场创立时，只有7家上市公司，其中3家为民营性质的。2000年，全国A股上市公司976家，其中民营性质的上市公司296家，约占30%。2010年全国A股上市公司2018家，其中民营性质上市公司911家，占比45.1%。2017年全国A股上市公司3459家，其中民营上市公司2118家，占比61.2%。此外，还有相当数量的中型民营公司在创业板、新三板以及境外资本市场上市。

股权多元化和资本的社会化是企业突破成长桎梏，走向不断壮大的必要条件。然而，中外企业发展的历史表明，当股权过于分散时就必然产生"代理成本"问题，即代理人在信息不对称的情况下，会利用自己"在位"的各种便利侵犯委托人的权益，甚至有时不惜采取违法的腐败手段。我们过去都将注意力集中在国有企业的腐败方面，近年来，民营企业中的腐败问题也日益凸显出来。有统计数据显示，从2010年到2017年上半年，在从事互联网的民营大企业中，共发生各类腐败事件29起。当然，这只是先前暴露出来的一小部分，如果加上大量没有暴露出来和未统计进去的，就会更多。民营公司之所以也会出现严重的腐败问题，一方面是企业规模越来越大，有的公司员工多达几万人，甚至十几万人、几十万人，在多层级的管理模式和监管不到位的情况下，一些员工出于私利进行贪腐就在所难免。除此之外，某些岗位拥有很大的资源配置权，当有人可以因此获得超过其付出的代价的利益时，就会铤而走险。

针对互联网公司腐败事件的分析，这类公司中的腐败主要采取这样一些方式：接受厂商的贿赂。在2009年时就有媒体曝光某互联网公司采销员工接受厂商贿赂，私自抬高进货价谋利。更令人惊讶的是，在这些互联网公司中，一些从业者使用了更"高明"的手段来非法获取"酬劳"，比如，要求行贿者用比特币、以太币等数字货币支付赃款，以免被抓住把柄；通过数据造假获利。某知名共享单车公司成立仅3年，就爆料出公司的区域经理每月通过虚报修车数量套取公司资金，数额从几万元到几十万元不等；此外，有些企业的职业经理人试图架空股东，攫取企业的经营控制权，其实这类事件在民营公司中并不鲜见。其他行业中的大型民营企业里，也暴露出了形形色色的腐败事件。而且，随着企业规模的扩大，腐败的问题也越多、越严重。

## 民营企业家经营理念存在的问题及优化企业治理结构的建议

企业家缺乏诚信经营、守法经营意识和契约精神，不利于企业的长远发展，民营企业家需要高度重视这些问题，并应积极寻求解决之道。

我国市场经济的历史还很短，民营企业家的经营理念还很不成熟，这集中表现在，一些民营企业家在经营时，急功近利，见利忘义，缺乏诚信意识、法律意识和契约精神。

一些民营企业家过分地看重短期利益，而缺乏长期的经营战略。通常不是首先考虑其产品能否满足客户、消费者的愿望，不是把客户的需求放在第一位，而是首先考虑定价、考虑能不能获取利润。这种经营理念势必不会把企业引向长远。再则，一些民营企业家缺乏诚信经营、守法经营意识和契约精神。在金钱第一的理念下，有时候就会采取坑蒙拐骗的手法，根本不考虑下一步会怎样。一旦企业出现经营不下去的问题，企业首先不是选择依法破产或其他法律处置方式，而是选择"跑路"。此外，企业在经营过程中，恶意违约的事件可谓屡见不鲜，其犯罪主要集中在非法吸收公共存款、集资诈骗、合同诈骗、职务侵占、行贿和涉黑等。

中小型民营企业的封闭性和大型民营企业的腐败问题，归根结底是企业治理结构安排上出了问题，而一些不正确的经营理念则反映了企业家的历练不够。民营企业家需要高度重视这些问题，并应积极寻求解决之道。

第一，中小型民营企业要注重规范经营和基本制度建设。中小型民营企业必须重视企业内部的规范经营和制度建设，对于那些已经达到一定规模的"临界"企业，要努力创造条件建立完善的现代企业制度，努力构建规范的由股东大会、董事会、监事会和管理层构成的组织管理体制；要努力实现企业产权的社会化和多元化、控制权的"去家族化"以及企业文化的契约化。对于那些规模尚小的企业，也应当建立起比较规范的财务制度和决策制度。只有这样，企业才有可能突破家族的影响而走上正常的成长道路。

第二，中小型民营企业应当在战略上重视人才引进和信息化建设。中小型民营企业最缺乏优秀人才，因此，企业在优化制度安排的前提下，应高度重视引进人才，通过更强的激励机制让经营管理人才、技术人才在企业中发挥更大作用；此外，也应将企业的信息化建设作为企业的重要战略来安排，要紧紧跟上目前我国信息化的步伐，借助互联网等信息化手段为企业发展创造条件。只有这样，当外部环境改善时，企业才能够借势而发。

第三，大型民营公司要注重以降低代理成本为目的的治理结构安排。股权多元化的大型公司必然存在所有权与控制权的两权分离，也必然存在代理成本，尽管民营企业产权清晰，但也无一例外。那么，这类民营公司如何才能减少腐败之类的代理成本问题呢？其一，根据阿里巴巴公司的经验，在公司总部层面设立廉政合规部，并在此基础上设立首席风险官，专门负责应对和处理发生在企业内部的各种腐败事件。百度公司则在董事会下设立了"职业道德委员会"，核心成员由企业内审、检察官、警察等职业的专业人士担任，他们可以直接向公司最高管理层汇报工作。其二，针对一些权力比较大的岗位，要加大监管力度，提高在职人员的保证金，以增加其腐败的成本；其三，在企业间建立反腐联盟。有资料显示，到2019年2月份，已经有腾讯、百度、京东、美团、沃尔玛中国等14家企业成立了"阳光诚信联盟"。在这些企业发生过腐败事件的员工，都会被以上企业列入黑名单，联合拒绝录用，已经有203家企业加入了"阳光诚信联盟"。

第四，企业家需要树立正确的经营理念。其一，广大民营企业家首先应该把满足客户的需要放在第一位，要有长期的经营战略，要深入研究客户的真实需求及其需求的变化规律，然后设计、制造出最能够满足这些需求的产品，在这个基础上再考虑企业盈利。如果我们的企业家能够真正遵循这样的经营理念，民营企业就一定能够越来越强大。其二，民营企业家应当有诚信经营、守法经营的意识，杜绝采取坑蒙拐骗的经营手法。其三，民营企业应当树立品牌意识和质量意识，我国现在正处于转型升级阶段，消费也在升级，人们更加追求品牌和产品质量，因此，只有那些有自己品牌和质量过关的企业才有可能生存下去。其四，民营企业家要有创新意识，在技术进步速度不断加快的时代背景下，民营企业只有不断创新才可能有盈利。其五，民营企业家需要逐步形成契约精神。市场经济是契约经济，如果企业家缺乏契约精神或者契约意识淡薄，最终就会被市场经济淘汰。